中華書局

新編諸子集成

周秦記述

中国出版史研究

ZHONG HUA SHU JU DE QI YE ZHI DU

欧阳敏 著

中华书局
的企业制度
（1912—1949）

图书在版编目(CIP)数据

中华书局的企业制度:1912-1949/欧阳敏著. —北京:中华书局,2022.4
ISBN 978-7-101-15596-9

Ⅰ.中⋯ Ⅱ.欧⋯ Ⅲ.中华书局-企业管理制度-史料-1912~1949 Ⅳ.G239.22

中国版本图书馆 CIP 数据核字(2022)第 009793 号

书　　名	中华书局的企业制度(1912—1949)
著　　者	欧阳敏
责任编辑	胡雪儿　张玉亮
出版发行	中华书局
	(北京市丰台区太平桥西里 38 号　100073)
	http://www.zhbc.com.cn
	E-mail:zhbc@zhbc.com.cn
印　　刷	北京盛通印刷股份有限公司
版　　次	2022 年 4 月第 1 版
	2022 年 4 月第 1 次印刷
规　　格	开本/787×1092 毫米　1/32
	印张 7⅜　插页 8　字数 120 千字
印　　数	1-1000 册
国际书号	ISBN 978-7-101-15596-9
定　　价	48.00 元

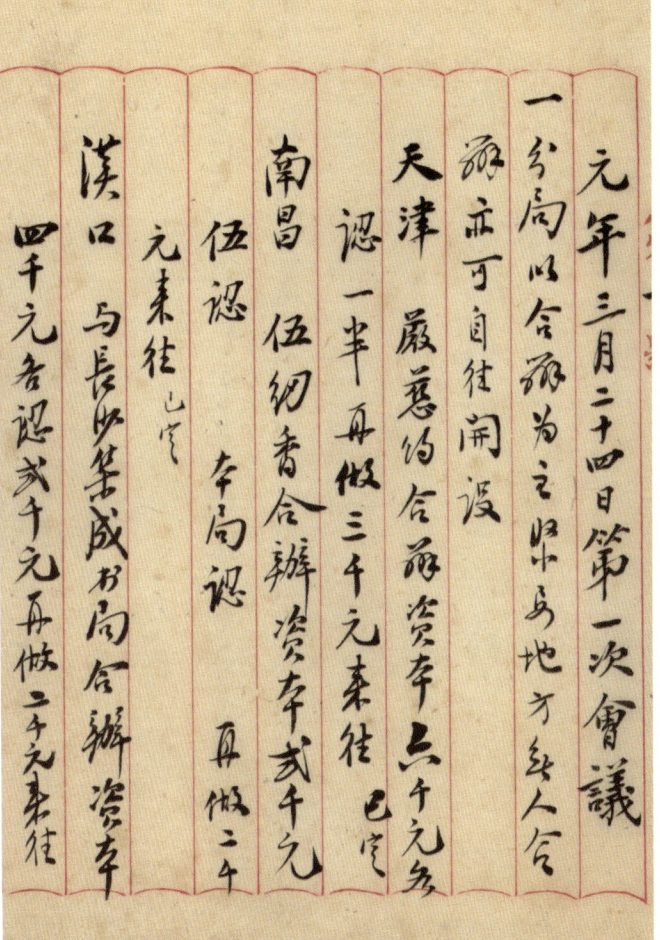

元年三月二十四日第一次會議

一分局以合股為主外另地方紳人合
頭亦可自往開設

天津　嚴慈約合願資本六千元各
　認一半再做三千元來往　已定

南昌　伍細香合辦資本貳千元
　伍認　本局認　再做二千
　元來往山東

漢口　与長沙等成書局合辦資本
　四千元各認貳千元再做二千元來往

第一次股东会会议记录

工商部批第七〇一號

服具呈人上海總商會

呈悉據稱中華書局改組股份有限公司附繳章程清冊票本暨呈述器發前于註冊繳照等憑查華國民無論男女老少皆可爲本公司股東應改爲皆可向本公司入股第十三條繳四項所稱刪他各條核與公司律尚稱相符應准註冊至應繳冊費照現改股總五十萬元核計應收二百二繳回二十三元五角除另咨保護外發去註冊執照一紙仰轉飭該商具領并將領到日期報部

部印

中華民國二年六月三十日

工商總長劉

工商總長印

北洋政府工商部对中华书局申请改组为股份有限公司的批文
（《政府公报》总第416期，1913年6月30日）

逕啓者本公司本屆股東常會副人承謬選為監察人遵即

應選惟監察人責任重大此次當選之監察人陳副人外

尚有黄毅之先生查黄先生現居外埠且臥病不良於

行副人擬負監察之責深虞隕越黄先生既不能出席

擬請通知監察人當選次多數王星齋先生出席同負本

公司監察責任耑此奉達即請

誉祉為荷此致

中華書局股份有限公司董事會

　　　　　　　　　　徐可亭拜啓

　　　　　　　　卅年二月廿八日

監察徐可亭函件（見本書第三章第一節之"監督與約束機構——監察人"）

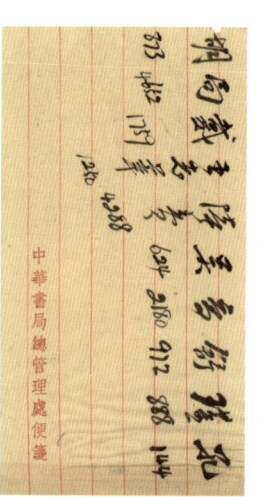
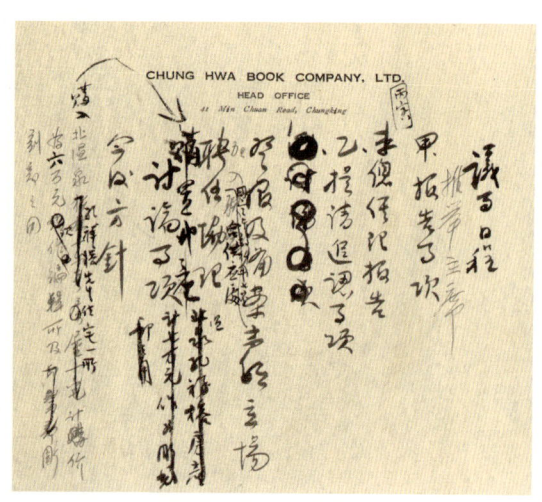

总办事处信笺（中文、英文）

总办事处下设部门（总务部）

总办事处下设部门（出版部）

总办事处下设部门（推广部）

编辑所下设部门（国文史地部）

编辑所下设部门（数理部）

编辑所下设部门（美术部）

印刷所下设部门（中文排版课）

印刷所下设部门（西文排版课）

印刷所下设部门（校对课）

印刷所下设部门（纸栈）

中华书局广州分局（《中国建筑》1936年总第24期）

调整分局待遇方式

项目\方式	底薪	生活指数	膳宿费	折扣	总　数	较四月份增加百分比	附表
1	照折实数另加9.5元	23500倍	照扣		374,466,000.	291%	1
2	照折实数	23500倍	照扣		299,473,000.	213%	1
3	照折实数另加9.5元	23500倍	不扣	七折	313,153,000.	227%	1
4	照折实数另加9.5元	16400倍	不扣		311,773,000.	226%	1
5	照折实数	16400倍	不扣		254,773,000.	166%	1

说明 (1) 底薪以四十八元作基数四十八元以上每元按二折计算四十八元以下各照本数计算
　　　(2) 指数係以上海为标準惟视各地物价情形分别予以折扣
　　　(3) 四月份各分支局薪津总支出为9,574,000.

调整分局待遇方式（见本书第四章第四节“发行渠道管理”）

民事覆審堂諭

本案前據被告中華書局代表律師之請求准
予將賠償損失部分發審在案茲經兩造律
師重開辯論本公堂覆加察核原告商務印
書館所受損失其數甚鉅前審所定洋壹萬
元之數業經一再核計甚屬公允未便再予變
更應將被告之請求註銷仍照本年二月十日之
原判執行此諭

中華民國九年三月　　日

西歷一千九百二十年三月

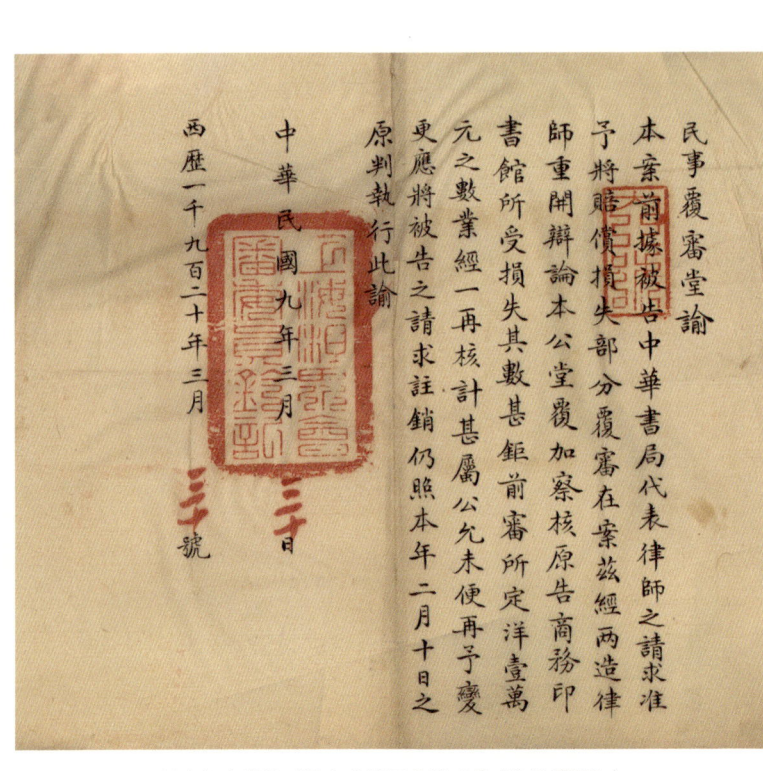

民事复审堂谕（见本书第四章第五节"危机管理"）

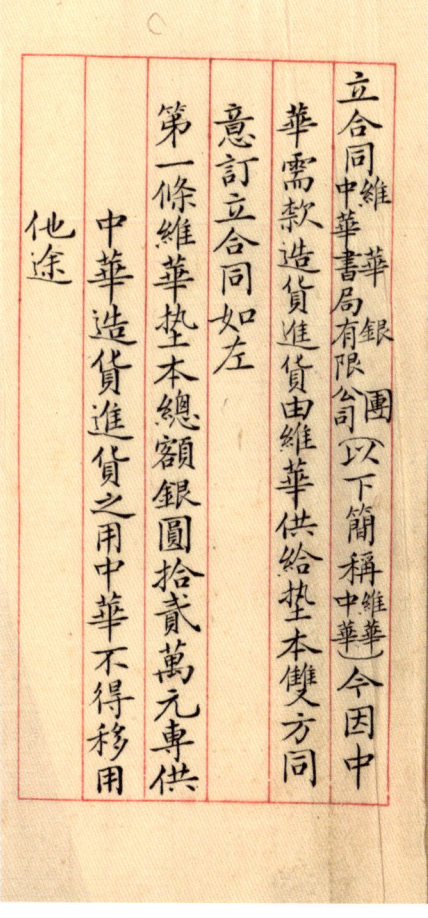

立合同維華銀團

中華書局有限公司（以下簡稱中華）今因中華需款造貨進貨由維華供給墊本雙方同意訂立合同如左

第一條 維華墊本總額銀圓拾貳萬元專供中華造貨進貨之用中華不得移用他途

维华银团合同草案（局部，见本书第四章第五节之"民六危机"）

1947年联合国教科文组织干事Peter Hume参观中华书局图书馆，
舒新城（居中者）接待（《中华教育界》1947年第5期）

目　录

序 言

范 军

如果说北大和清华是中国近现代教育史上的双子星，那么商务与中华无疑算得上中国近现代出版史上的双子星。也有专家将后二者比作并世而立、激烈竞争的出版业冠军和亚军。两家历史悠久、不断进取的老书局铸就了中国近现代出版历史的丰碑，也形塑了出版文化的基本格局，其流风余韵影响至今。

关注企业制度对于现代出版业的重要意义，间接的因素是我本人的文化史学背景，直接的动因来自 2003 年开启的包括出版行业在内的文化体制改革。那时候谈文化、论出版，"转企改制"（或"改企转制"）、"现代企业制度"等成为热词。这期间，正是我从出版社总编辑岗位转任社长不久（后来兼任董事长、企业法人代表），关心的一个重要问题就是何时"转制"，如何"改企"，怎样发展。2009 年在《大学出版》杂志发表的《略谈大学出版社转制的几个问题》，即可为证。到次年 11 月，我所在的出版社也搭上了大学出版社转企改制的第二班车。在挂牌仪式上我讲了这样两段话："2010年是我们出版社的改革元年。此前,我们的体制转换、机制调整已经在稳步推进。干部能上能下已实现多年,机构能设能撤更加贴近市场,收入能高能低也通过全员薪酬改革变为现实。旗下控股公司、参股公司的运作均已启动,几大对外合作项目成效明显。出版社的两个效益呈现出良好的发展态势。""今天我们'华中师范大学出版社有限责任公司'就要正式挂牌。增加的六个字含义深刻,意义重大。它意味着我们将彻底告别'事业单位企业化管理'的出版模式,向着现代文化企业大步迈进。"老实说,作为一家大学出版社怎样建立现代企业制度,如何向这个新的方向迈进,当时心中并没有数。我想只有不断学习,多方借鉴,一方面可以向先行一步的优秀大学出版社学习,向其他办得好、转得成功的社会出版社取经,同时还应从中国近现代出版历史中汲取营养,向老辈出版家寻求智慧。这便有了从历史角度切入的现代出版企业制度整体性研究,有了关于商务印书馆、中华书局、开明书店、亚东图书馆、文化供应社的个案剖析,有了我和包括我的同事、研究生在内的研究团队的系列成果不断推出。

与何国梅合作的《商务印书馆企业制度研究(1897—1949)》的台湾花木兰文化出版社2016年版,著名历史学家章开沅先生撰写了《序言》,给予这项研究肯定和鼓励,这更坚定了我们持续探究出版企业制度的信心。老人家写道:"我常说,好校长不如好制度,因为好校长终将轮换,但好制度则必然留存。出版社也是一样,出版家并非绝无仅有,但如果没有不断更新完善,形成一套相对合理而又稳定的制度,有些出版社虽然也曾经历过自己的鼎盛春秋,但仍难免出现过早陨落。"毫无疑问,一家出版社要成为"百年老店",杰出的出版家固然重要,而好制度才是基业长青的根本。

欧阳敏考取硕士研究生是在 2010 年,正赶上我开始集中力量在"现代书业企业制度"这个领域发力。他很积极主动地加入这个团队,具体研究目标锁定民国时期的中华书局。三年后他随我硕博连读,依旧以范围有所拓展的现代书业企业制度为题做博士学位论文,并按时顺利毕业。其后在武汉大学信息管理学院博士后工作站从事研究,合作导师方卿教授很大气宽容地让他继续在自己熟悉和喜爱的出版史方向进行深耕。冬去春来,岁月如梭,一转眼就是十一二年过去了。勤奋踏实、不断进取的欧阳敏已由一个懵懂青涩的学生,成为了日益成熟、渐趋佳境的青年学者,在出版史学界崭露头角,且显示出学术上的实力与后劲。

现在呈现在各位面前的《中华书局的企业制度(1912—1949)》,是欧阳敏在硕士学位论文基础上修订完善而成。当时,那本厚厚的毕业论文得到了外审专家和答辩委员比较一致的好评,后来还被评为湖北省优秀硕士学位论文。毋庸讳言,作为一部全面系统研究老中华企业制度的专著,该书无论是在史料的进一步挖掘、学理的进一步深化、现实的进一步观照等方面都还有很多工作可做。就拿当年同样作为大型民营出版企业的中华与商务比较，虽然都实行了现代企业制度，但在共性的基础上又各有个性。诚如有研究者所指出的，在对外公关上两者都重视政商关系，中华具有更浓厚的官方背景，甚至有点官督商办的色彩。从内部管理来看，商务偏重于严，中华偏重于和。而同样也是实行现代企业制度的开明书店，无疑带有更显著的"文化人办出版"的同人色彩。倘若将中华与商务、开明等做更加深入细致的对比，无疑也是很有意义的。

欧阳君正值人生的阳春三月，学术之精进、成果之厚积薄发值得期待。就我所知，这部有关中华书局企业制度的成果是他的第二部个人专著。好企业需要好制度，好学者需要好心态。在这世风极端浮躁、功利主义大行其道的当下，倘若欧阳君能够"咬定青山不放松"，不断开拓，稳步前行，就一定能百尺竿头更进一步。研究老中华的专著最后能在鼎鼎大名的中华书局刊行，实在可喜可贺。欣喜之余，略缀短文为序。

2022 年 3 月 29 日

第一章　从制度视角研究中华书局

第一节　回到中华书局企业制度的历史现场

横看成岭侧成峰,远近高低各不同。世间万物普遍具有多面性,而要充分了解事物的多面性,势必得采取多元视角看待事物。在人文社会科学(包括出版史学)领域,结构和能动性是人们看待事物的两种主要视角。以出版史学而论:结构视角是指研究者以规则、制度等社会秩序的表征之物为焦点,来探讨出版史领域中的诸多现象;能动性视角则是着眼于考察出版人或出版机构的自主选择能力,出版思想史、出版文化史属于能动性偏向的研究。整体而言,出版史学界对能动性的关注要超过对结构的关注,而在结构视角类研究中,对宏观结构的研究又超过对微观结构(如企业制度)的研究。因此,本书试图详人之所略,回到中华书局企业制度的历史现场,通过大量的"现场报道"扩展出版史学的认知版图。

1924年9月1日,时年38岁的陆费逵为《书业商会二十周年纪念册》写了一篇序文,其中有段文字为近代出版史研究者熟知,这段文字如下:"我们希望国家社会进步,不能不希望教育进步;我们希望教育进步,不能不希望书业进步,我书业虽然是较小的行业,但是与国家社会的关系,却比任何行业大些。"① 近代中国长期处于深重的内忧外患之中,"教育救国"曾是近代中国有识之士的一种普遍认知。他们之所以如此看重教育,乃是因为教育是精神世界的基础设施(类似于物质世界中的道路、房屋等基础设施),能够在较短的时间内影响和形塑国民的共性心态(或曰民族精神),解除近代中国在知识领域所面临的"合法性"危机。

所谓合法性,指的是某一领域的内部成员及外部人员对该领域的认可程度②。近代中国出版业肇始于西方传教士,始自 19 世纪中期。国人自办出版的高潮则出现于 19 世纪末 20 世纪初,尤其是"1904 年前后废科举,兴学校,各处开办学堂,需要大批教科书,教科书的需要,对出版事业起了极大的推进作用"③。由此可知,近代中国出版业与新式教育相伴而生。近代出版人主要通过新式教科书、新式出版物等对国人的共性心态或曰民族精神进行更新迭代,以此增强国家和民族的合法性。

---

① 俞筱尧、刘彦捷编:《陆费逵与中华书局》,中华书局 2002 年版,第 440 页。
② 范军、欧阳敏:《论出版史学对出版学学科合法性的建构》,《出版广角》2020 年第 16 期。
③ 胡愈之:《全国出版事业概况》,中国出版科学研究所、中央档案馆编:《中华人民共和国出版史料(1)》,中国书籍出版社 1995 年版,第 255 页。

　　为了达到上述目的,出版业首先要增强自身的合法性。出版业的合法性是指,出版从业人员以及出版领域之外的人们对出版业的认可程度。人们一般从经济效益和社会效益两个维度来评判一家出版社的表现,可知,经济效益和社会效益是影响出版业合法性的两个主要变量。在中国现代出版史上,中华书局所产生的社会效益受到了人们的普遍认可,相关证据有很多,比较显著的一条是中华书局的招牌在社会主义改造时期得以保留,并延续至今。至于中华书局的经济效益,人们对此的讨论相对较少。有鉴于此,笔者从企业制度的角度对中华书局的局史进行考察,旨在解决如下问题:中华书局如何增强其经济效益方面的合法性;又如何以经济效益为手段,实现其形塑现代民族精神的目的。

　　民国——一个苦难深重的年代,也是一个充满着无数传奇的书业黄金时代。在民国出版界的大舞台上,上演了许多剧目,它们中的大部分早已成了绝唱,但也有一些弦歌不绝,将传奇延续至今。中华书局就是这些传奇者中的一员。

　　探寻中华书局成功的奥秘,必须将中华书局置于当时的社会背景中,对媒介(中华书局)与社会的互动实践抽丝剥茧后才可得到其成功的内核。时局的动荡不安和文化的多元灿烂,是民国的真实写照。出版媒介与社会环境是相互作用的过程,一方面,时局的动荡不安会对出版业的发展产生一定的阻力,这表现为民国出版业的命途多舛，一个不能忘却的记忆是"一·二八"事变中，日本人的野蛮行径使"文化宝库"东方图书馆刹那间化为漫天灰烬，令无数爱国人士为之潸然泪下；另一方面，出版社是文化企业，"一个国家或一个民族的出版无不打着其文化的烙印，而文化的积累和传播也离不开出版载体"[①]，民国出版业以书刊为介质，启迪民智，推进教育，普及现代文明。这就是中华书局当时所处的出版生态。

在动荡不安的时局里，中华书局有其"变"，也有其"不变"。"变"是因为出版生态的平衡被打破，需要进行变革来适应新环境，主要是器物和制度方面的改变，譬如改合伙制为股份制、率先引进凹版印刷和彩印机器设备；"不变"的是由陆费逵所奠定的"出版救国"的文化信念。如开篇所引，陆费逵的那段名言在今天读来仍然具有振奋人心的作用，因为它将出版与国家社会的命运紧密相连。将出版作为一种手段，以出版促进国家社会进步为目的，中华书局的百年基业正是在这个崇高的理想上建立起来的。

经济与文化，是出版企业无法回避的一对矛盾。经济与文化，孰轻孰重？通过还原民国时期中华书局的企业原貌，或许能够得到一些启示。

出版是一面镜子，映照出时代的特征。如果用一个

[①]范军：《中国出版文化史论稿》，华中师范大学出版社2011年版，第254页。

词来概括民国出版业的特征,"多元"会是恰当的选择。"所谓某朝某代历史之'大',其实有时并不在于它时间之长短,而在于它的多面与多元,在于它为后人作未来憧憬和假设时,有较为丰富的矿脉资源可供开掘"[①],民国的历史很短暂,但是民国出版的历史文化资源却很丰富。

第二节　以文献为媒而"穿越"历史

历史学家与人类学家的工作是有相似之处的:两者都对"土著"进行深描式研究。只不过历史学家所研究的是过去时空中的"土著",而人类学家所研究的是当下时空中的"土著"。人类学家的看家本领是"民族志":这既是指一种研究方法,即与研究对象近距离相处数月、数年甚至数十年时间,学会他们的语言和思维方式;也指在上述方法指导下撰写的文本。历史研究者可以借鉴人类学的研究方法,将其改装为"历史民族志"。研究者以文献为媒介"穿越"到历史现场,学习历史"土著"的语言和思维方式,并对他们进行"访谈",最后形成"调研报告"。对中华书局企业制度史的研究,便立足于史料文献之上。

民国时期的出版界有"四大书局"的说法,指的是商务印书馆、中华书局、世界书局和大东书局。20世纪30年代以后,随着开明书店的发展壮大,还出现了"五大书

[①]吴永贵:《民国出版史》,福建人民出版社2011年版,第1页。

局"的说法，前三家依然是商务印书馆、中华书局和世界书局，大东书局和开明书店则争第四的位置。从社会影响层面来看，商务印书馆排第一，中华书局排第二，这是出版史学界比较公认的看法。在近现代出版史及相关研究领域，商务印书馆同样是热度最高的出版机构，中华书局则紧随其后。下面从史料类文献以及基于史料的研究文献进行简要梳理。

一、史料类文献

历史研究普遍面临两个难题：史料的不足和思想的不足。这其实是强调史料和史识在历史研究中的重要作用，其中，史料是历史研究的基石，甚至可以说"史学只是史料学"。当然，"史料学"并非只是对史料进行简单的罗列，这背后其实涉及史料真伪鉴别、价值判定、体例编排等一系列复杂的程序，最终要达到两个目的：其一，近真，即考察历史记录与历史事实之间的关系；其二，头绪，即廓清各项历史事实之间的内在联系[1]。因此，要研究中华书局的历史，首要的工作就是要熟知关于中华书局的史料。

新中国成立后至改革开放前，有关中华书局的史料散见于《中国现代出版史料（甲编）》[2]、《中国现代出版史

---

[1] 范军、欧阳敏：《论出版史学对出版学学科合法性的建构》，《出版广角》2020年第16期。
[2] 张静庐辑注：《中国现代出版史料（甲编）》，中华书局1954年版。

料(乙编)》①《中国现代出版史料(丁编)》② 等。存于这些文献中的史料也有从侧面反映中华书局的企业制度,从时间上来看这些史料的可信度应该是比较高的,但是由于这些史料主要是回忆性文章,并非第一手史料,随着后来更多第一手史料的披露,《中国现代出版史料》系列中某些史料的真实性也受到了质疑。故而对其史料应该在多加辨析之后再决定是否采用。

改革开放以来,有关中华书局的史料文献,如《回忆中华书局》③,分为上下编,上编收录了 42 篇中华老员工的回忆性文章,时间跨度大体为 1912 年到新中国成立前夕,下编收文 37 篇,回顾 1949—1987 年这段历史,书中一些文章对中华书局的企业制度的各个侧面进行了论述,有一定的参考价值。其后,在 2002 年中华书局又出版了《陆费逵与中华书局》④,该书也是一部文集,主要由回忆录和学术论文组成,其中没有多少新史料,但是论文部分的观点较有创见,对企业制度也多有涉及,较有参考价值。同年出版的还有《中华书局大事纪要(1912—1954)》⑤,该书的资料来源有三点 : 一是十几大木箱的

---

① 张静庐辑注 :《中国现代出版史料(乙编)》,中华书局 1955 年版。
② 张静庐辑注 :《中国现代出版史料(丁编)》,中华书局 1959 年版。
③ 中华书局编辑部编 :《回忆中华书局》,中华书局 2001 年版。
④ 俞筱尧、刘彦捷编 :《陆费逵与中华书局》,中华书局 2002 年版。
⑤ 钱炳寰编 :《中华书局大事纪要(1912—1954)》,中华书局 2002 年版。

档案材料；二是 180 余册《申报》（1912—1949）的影印合订本；三是近现代出版史料及舒新城日记（抄本）及相关论著如《狂顾录》。书中对中华书局历年的股东会议、董事会会议记录做了大量的摘录，对于研究中华书局的企业制度具有极高的参考价值。2012 年，中华书局成立一百周年，出版了《中华书局百年大事记（1912—2012）》[①]，该书是对百年局史进行全面梳理，展现了百年"中华"的辉煌历程。同年，中华书局还出版了《岁月书香——百年中华的书人书事》（四卷本）[②]，所选文章大体以人物和事件的时代为序，以开创基业、新中国成立之初、"文革"期间和改革开放四个历史阶段划分。选文的标准，侧重内容的可读性，增广见闻，以备故实，涉及书局变迁、转型等重大事件，以及那些跟书局休戚与共的作者、编辑，那些图书、刊物背后的故事。此外还有《中华书局图书总目（1912—1949）》[③]、《中华书局总厂职工运动史》[④]、《中华书局印制的纸币》[⑤] 等，从不同侧面条陈相关史实。

[①] 中华书局编辑部编：《中华书局百年大事记（1912—2012）》，中华书局 2012 年版。

[②] 中华书局编辑部编：《岁月书香——百年中华的书人书事》，中华书局 2012 年版。

[③] 中华书局编辑部编：《中华书局图书总目（1912—1949）》，中华书局 1987 年版。

[④] 上海市新闻出版局、中华书局总厂职工运动史编写组编：《中华书局总厂职工运动史》，中共党史出版社 1991 年版。

[⑤] 刘森、于倩编著：《中华书局印制的纸币》，中华书局 2002 年版。

舒新城（1893—1960）是中国近现代著名教育家、出版家和辞书家，1930年，他进入中华书局任编辑所所长，此后直至1960年去世，他一直以出版为志业。他从1908年开始写日记，这个习惯保持终生，留下了近500万字的日记。2013年，上海辞书出版社将其影印出版①。日记内容涉及中国近代政界、学界、出版界等近百位著名人物，翔实记载了作者对社会时事的观察和分析，以及个人和家庭生活的记录，对于一些重要事件，还附有剪报或照片，为学界研究舒新城以及中国近现代出版史、教育史等提供了新的史料，具有重要价值。遗憾的是，由于是手稿影印版，字迹辨认的难度很大，读者阅读和研究者使用均甚感不便。

除了上述图书文献外，还有一些文章也对史料进行了辨析。主要有汪家熔的《陆费逵人品和创办中华书局动机考辨》②，通过对史料的精心爬梳，旨在消除人们对于陆费逵创办中华书局自私动机的误解，阐明陆费逵创办中华书局乃是出于"教育救国"的崇高目的，这一点对于理解中华书局的早期历史是有助益的。周其厚的《陆费逵与中华书局史实辨析》③，对有些学者论著中关于陆

①舒新城：《舒新城日记（全34册）》，上海辞书出版社2013年版。
②汪家熔：《陆费逵人品和创办中华书局动机考辨》，《中国编辑》2006年第1期。
③周其厚：《陆费逵与中华书局史实辨析》，《首都师范大学学报（社会科学版）》2010年第3期。

费逵和中华书局史实的诸多不实之词进行了辨析,其中对中华书局人员情况的辨析证明了中华书局人事管理制度的科学性和规范性。陆费如珍的《我心目中的伯鸿叔——纪念陆费逵逝世七十周年》[①],则侧重于展现陆费逵的人格魅力。

在其他一些报刊和档案文献中也能够见到有关中华书局的零散史料。代表性文献是《中华民国档案资料汇编》系列、《申报》(1912—1949)影印本、《政府公报》(1912—1928)影印本等;《出版月报》是民国时期中华书局的局报,其中有大量有关中华的出版信息。

此外,还有一种特殊的史料获取方式尤其值得一提。随着出版业的蓬勃发展以及图书馆的现代化建设,再加上网络和数据库的普及,出现了"e-考据时代",一位文史工作者往往有机会掌握前人未曾寓目的材料,并在较短时间内透过逻辑推理的布局,填补探究历史细节时的缝隙[②]。当前,近现代史料类数据库数量众多,其中,"晚清民国期刊全文数据库"、《申报》数据库、"大成老旧期刊数据库"、国家图书馆的"民国期刊数据库"和"民国图书数据库"等较为知名,以"中华书局""陆费逵""舒新城"等为关键词进行检索,会有不少收获。在e时代背景下

①陆费如珍:《我心目中的伯鸿叔——纪念陆费逵逝世七十周年》,《出版史料》2012年第1期。
②黄一农:《e-考据时代的新曹学研究——以曹振彦生平为例》,《中国社会科学》2011年第2期。

考据虽然便捷，但是对史料的解读还要依赖学者的史识积累，史料与史识两者缺一不可。

二、关于"人""事""物"的研究

"史学的突出成就，除了沉静踏实的工作，甘心'坐冷板凳'的精神，面对青灯古卷的辛劳而外，也需要灵性，需要思辨能力，需要创新追求，在一定意义上，也需要艺术素养与美学理念。"[1]史料是进行历史研究的前提，在此基础上，还需要在理论和方法的指导下对史料进行论述。研究者们对中华书局历史的研究，主要聚焦于"人""事""物"，部分文献具有较强的理论自觉意识。

新中国成立以来，最早的关于中华书局的研究应该是陆费铭琪的《中华书局的经营及管理》（美国加州大学硕士学位论文，1950年）。

就笔者已掌握的文献情况来看，文献的主题和企业制度相关度最高的当属张彩霞、吴燕的《从解放前的中华书局看上海现代出版企业制度》[2]，该文以中华书局为主要论述对象，略论其他各大书局，运用丰富的史料来论述中华书局股份制的建立和完善过程，将其作为上海出版业在建立企业制度方面的一个典范。严格意义上来说，这篇论文的主题并非企业制度，而是产权制度，产权

---

①王子今：《"史识"与计算机"利器"》，《史学月刊》2015年第1期。
②张彩霞、吴燕：《从解放前的中华书局看上海现代出版企业制度》，《编辑之友》2011年第6期。

制度是企业制度的一个主要方面,两者在概念上并不等同。同样地,欧阳敏的《民国时期中华书局的企业管理制度》①,侧重于企业制度的管理制度方面。

主题相关度较高的文献还有吴中的《陆费逵》②,论述的重点在于陆费逵的企业经营管理活动;俞筱尧的《陆费伯鸿与中华书局》③,花了较大篇幅论述中华书局组织机构的沿革和生产经营管理;魏玉山、孙煜华的《百战不殆的秘密——建国前商务印书馆、中华书局成功原因浅析》④,从人才、书刊生产、发行渠道、出版方针、多种经营等层面来探讨中华书局成功的原因,同时也承认严格的内部管理是其取得成功的原因之一;吴永贵的《中华书局的成功经营之道》⑤,从重视印刷、发行、推广、人才以及重视商业利益但不唯利是图、重视经营的一体化发展等方面来进行论述。

近年来也出现了一些以中华书局为研究主题的硕博士学位论文,硕士学位论文有张翾的《1912—1949年中

①欧阳敏:《民国时期中华书局的企业管理制度》,《郑州轻工业学院学报(社会科学版)》2012年第4期。

②吴中:《陆费逵》,孔令仁、李德征主编:《中国近代企业的开拓者(上)》,山东人民出版社1991年版,第608—621页。

③俞筱尧:《陆费伯鸿与中华书局》,俞筱尧、刘彦捷编:《陆费逵与中华书局》,中华书局2002年版,第215—280页。

④魏玉山、孙煜华:《百战不殆的秘密——建国前商务印书馆、中华书局成功原因浅析》,《编辑之友》1995年第1期。

⑤吴永贵:《中华书局的成功经营之道》,《编辑学刊》2002年第3期。

华书局的经营研究》^①、王伟的《商务印书馆与中华书局的竞争与合作（1912—1949）》^②、宛利的《中华书局企业文化研究（1912—1949）》^③、马培红的《中华书局品牌建设研究》^④、潘江海的《抗战时期的中华书局及其历史变迁探析（1937—1945）》^⑤、阮碧琳的《长沙〈大公报〉中的中华书局广告研究（1917—1927）》^⑥，博士学位论文有吴永贵的《中华书局与中国近代教育》^⑦、周其厚的《中华书局与近代文化》^⑧、吴燕的《陆费逵与中华书局》^⑨，等等。

此外，还有学者从文化教育的角度来研究中华书局，吴永贵的《中华书局对我国学术文化发展的贡献》^⑩、《出

①张翿：《1912—1949 年中华书局的经营研究》，河南大学硕士学位论文，2007 年。

②王伟：《商务印书馆与中华书局的竞争与合作（1912—1949）》，东北师范大学硕士学位论文，2009 年。

③宛利：《中华书局企业文化研究（1912—1949）》，中共中央党校硕士学位论文，2011 年。

④马培红：《中华书局品牌建设研究》，华中师范大学硕士学位论文，2015 年。

⑤潘江海：《抗战时期的中华书局及其历史变迁探析（1937—1945）》，安徽大学硕士学位论文，2016 年。

⑥阮碧琳：《长沙〈大公报〉中的中华书局广告研究（1917—1927）》，湘潭大学硕士学位论文，2020 年。

⑦吴永贵：《中华书局与中国近代教育》，武汉大学博士学位论文，2002 年。

⑧周其厚：《中华书局与近代文化》，北京师范大学博士学位论文，2004 年。

⑨吴燕：《陆费逵与中华书局》，北京师范大学博士学位论文，2004 年。

⑩吴永贵：《中华书局对我国学术文化发展的贡献》，《新闻出版交流》2003 年第 1 期。

版竞争推动近代教科书的进步——以中华书局编写出版的教科书为例》①,周其厚的《论民国中华书局教科书与日本的纷争——兼评日本〈新历史教科书〉》②、《中华书局与近代文化》③,齐琳的《20世纪上半叶中华书局古籍出版情况研究》④等都是围绕文化教育的主题来进行研究。

从文化教育的角度以中华书局的书籍或杂志为研究对象的成果也有一些,研究对象主要是《中华教育界》《新中华》《辞海》《中华大字典》等影响较大的出版物。主要有巢峰的《〈辞海〉的编纂和修订》⑤、陈江的《从〈大中华〉到〈新中华〉——漫谈中华书局的两本杂志》⑥、苏嘉的《20世纪初出版的〈中华大字典〉》⑦、喻永庆的《〈中华教育界〉与民国时期的教育改革》⑧等。

---

① 吴永贵:《出版竞争推动近代教科书的进步——以中华书局编写出版的教科书为例》,《出版科学》2007年第2期。

② 周其厚:《论民国中华书局教科书与日本的纷争——兼评日本〈新历史教科书〉》,《山东科技大学学报(社会科学版)》2005年第2期。

③ 周其厚:《中华书局与近代文化》,中华书局2007年版。

④ 齐琳:《20世纪上半叶中华书局古籍出版情况研究》,东北师范大学硕士学位论文,2009年。

⑤ 巢峰:《〈辞海〉的编纂和修订》,《出版史料》2003年第2期。

⑥ 陈江:《从〈大中华〉到〈新中华〉——漫谈中华书局的两本杂志》,《编辑学刊》1994年第2期。

⑦ 苏嘉:《20世纪初出版的〈中华大字典〉》,《出版史料》2010年第4期。

⑧ 喻永庆:《〈中华教育界〉与民国时期的教育改革》,华中师范大学博士学位论文,2011年。

除此之外,还应该要注意到一点:陆费逵是中华书局的主要创办人,中华书局的成功很大程度上要归功于陆费逵,要研究中华书局就绕不过陆费逵。关于陆费逵的研究成果也有不少,论文方面主要有范军的《陆费逵的书刊广告艺术》①,申作宏的《陆费逵的同业竞争策略》②,周国清、夏慧夷的《陆费逵的出版人才观及其践履》③,安静的《陆费逵编辑出版思想研究》④,刘相美的《陆费逵出版经营理念与策略研究》⑤,庄艺真的《陆费逵的选题跟踪超越策略研究——以〈辞海〉〈四部备要〉的出版为例》⑥,许静波的《儒耶? 商耶? 陆费逵的人文理想与职业行为》⑦;著作方面主要有周其厚的《中国出版家·陆费逵》⑧、王建辉的《教育与出版——陆费逵研究》⑨。这些论著通过对陆

①范军:《陆费逵的书刊广告艺术》,《编辑学刊》2003 年第 4 期。

②申作宏:《陆费逵的同业竞争策略》,《出版发行研究》2005 年第 4 期。

③周国清、夏慧夷:《陆费逵的出版人才观及其践履》,《出版发行研究》2007 年第 9 期。

④安静:《陆费逵编辑出版思想研究》,河南大学硕士学位论文,2007 年。

⑤刘相美:《陆费逵出版经营理念与策略研究》,河北大学硕士学位论文,2009 年。

⑥庄艺真:《陆费逵的选题跟踪超越策略研究——以〈辞海〉〈四部备要〉的出版为例》,《中国出版》2015 年第 23 期。

⑦许静波:《儒耶? 商耶? 陆费逵的人文理想与职业行为》,《出版科学》2018 年第 3 期。

⑧周其厚:《中国出版家·陆费逵》,人民出版社 2016 年版。

⑨王建辉:《教育与出版——陆费逵研究》,中华书局 2012 年版。

费逵编辑思想或活动的研究，能够从侧面反映出中华书局的相关情况。

综上所述，国内有关中华书局的研究集中在三个方面：一是对局史的研究；二是对人物主要是对陆费逵的研究；三是对中华书局书刊的个案研究。这些研究所选取的角度包括史料爬梳、文化教育和经营管理。从笔者已掌握的文献来看，以中华书局企业制度为角度的专题研究仍然是空白。针对这一现状，笔者试图对中华书局的企业制度进行专题研究。

第三节　来自历史现场的解释与展望

以文献为媒介，"穿越"到中华书局企业制度的历史现场，这只是完成了第一阶段的任务，接下来便是对历史现场的解释与展望，这关乎本研究的合法性。所谓历史现场的解释，是指对中华书局企业制度的各构成要素及其绩效进行解释，并将其置于当时的时空语境中，探讨其社会影响。所谓历史展望，是指研究者要以历史视野俯瞰整个出版场域，发现当下与过去之间的"路径依赖"现象。为了完成上述任务，我们首先需要明确研究目的、意义及方法。

合法性是指人们对某一对象的认可程度。世间万物的合法性或隐或显，或强或弱，当然也有"不合法"之对象存在。历史研究者在与圈中人打交道时，一般不会对彼此研究对象的合法性存疑,这是一种不言自明的内部合法性。但是,当历史研究者在与圈外人打交道时,圈外人时常会问:"你研究的东西有什么用?"这是一个令历史研究者颇感尴尬又恼火的问题,不能回避但用三言两语又难以回答清楚。这类问题实质上指向的是历史研究的外部合法性问题,即圈外人在多大程度上认同历史研究。1942年,法国"年鉴学派"的开创者马克·布洛克(1886—1944)在其名作《历史学家的技艺》一书的开篇,从三个方面对"历史学有什么用"展开探讨。

其一,研究目的层面。布洛克认为,历史学是一门人文科学,而人文科学的目的在于使人们更好地理解人类自身及人类社会的多样性和复杂性,而非如自然科学一般提供关于自然世界的普遍知识和确定知识[①]。因此,历史学或历史研究的目的在于使人们更好地理解过去的人与事。对于上述答案,行动派或经验主义者或许不会感到满意,因为它并没有明晰的现实脉络,即历史研究对当下人们的行动会产生怎样的影响,而圈外人的关注点正在于此。

其二,研究意义层面。布洛克进一步解答:"当历史学以人物及其行为为对象时,历史学为人类利益服务的目标岂不更为清晰? 实际上,当我们总是喜欢在古老的

①[法]马克·布洛克著,黄艳红译:《历史学家的技艺》(第二版),中国人民大学出版社2011年版,第35页。

习性中寻找行动方向时,我们便假定它至少有某种潜在价值……"① 这种潜在的价值就是过去的人与事和当下社会的关联。历史研究的"用处",便是发现这种关联,为当下社会的人们在行动时提供可能的参照系。

其三,研究方法层面。"理性"是包括现代科学在内的现代社会的奠基石,像所有以人类思想为研究对象的科学一样,历史学是理性知识园地中的迟来者。纵然包括历史学在内的人文科学有着"非理性"色彩,但仍然得遵守现代科学的理性基本规则,这主要体现为研究方法的"理性化"。"作为一门理性化的分析科学,历史学仍然十分年轻。它正努力深入事件的表象之下,在摈弃传奇和修辞的诱惑之后,它还必须排除各种在今天看来更加危险的毒素,这就是旧式的博学以及伪装成常识的经验主义。"② 为了增强历史学的合法性,布洛克将历史研究方法分解为三个步骤:历史考察,即对史料进行搜集与整理;历史批评,即对史料的真伪、价值等进行批评;历史分析,即对依据史料而建构起来的历史事实进行解释而非评判。而贯穿于上述研究方法之中的思想,就是方法论,布洛克主要提出了两个方法论:"谨慎的回溯方法",即通过现在来理解过去;总体史方法,由于每门

① [法]马克·布洛克著,黄艳红译:《历史学家的技艺》(第二版),中国人民大学出版社2011年版,第35页。
② [法]马克·布洛克著,黄艳红译:《历史学家的技艺》(第二版),中国人民大学出版社2011年版,第38页。

科学都只是追求只是的普遍运动中的一个片段,因此,要想更好地理解人类社会的知识系统,就要将历史研究与当时其他类型的学科中表现出来的整体趋向联系起来①。

布洛克的上述论断距今已有80年的历史,但仍然具有较强的现实意义。笔者研究出版史,时常会对自己的研究工作的"有用性"产生怀疑,自己尚且感到"合法性"不足,又如何能够说服读者认可自己的研究工作。因此,笔者特意从研究目的、研究意义和研究方法三个层面来阐述本研究的合法性,既是为了说服自己,也是为了说服读者。

一、研究目的:增进历史与当代之间的双向理解

"一言以蔽之,统率和启迪历史研究的是'理解'。"②那么,何为理解呢? 在保罗·利科看来,理解与解释是一体两面的关系。"对于一个有限存在而言,理解便是想象自己置身于另一生命之中;历史的理解由此涉及历史性之所有悖论:一个历史的存在者如何能够历史性地理解历史?"③ 历史研究者要想"历史性地理解历史",就要将

①[法]马克·布洛克著,黄艳红译:《历史学家的技艺》(第二版),中国人民大学出版社2011年版,第40页。

②[法]马克·布洛克著,黄艳红译:《历史学家的技艺》(第二版),中国人民大学出版社2011年版,第131页。

③[法]保罗·利科著,莫伟民译:《解释的冲突:解释学文集》,商务印书馆2017年版,第3—4页。

自己与研究对象理解为一种"共存"状态,因为他和研究对象都是历史的一部分,只不过前者是现在进行时,而后者是过去时。

因此,历史研究中的理解就成为当下向过去的投射,亦即历史研究者带着当下的经验和问题去理解过去。接着,理解还将与解释组合为一种"理解的存在论"。"任何解释都企图克服存在于文本所属的过去文化时代与解释者本身之间的疏远和间距。通过克服这个距离,使自己与文本同时代,解经者才能够占有意义:他想把陌生者变为本人的,也就是说,把陌生者变作他自己的;因此,解经者正是通过理解他者来追求扩大对自身的本人的理解。"① 于是,理解就成为一个存在的模式,即通过理解而生存的存在者的模式。由此,包括历史研究在内的人文研究,其目的正在于增进人们对于人类社会的理解,这成了人们的存在方式。

笔者研究民国时期中华书局的企业制度,目的正在于使读者在"共在"或"共时性"层面上理解研究对象,将研究对象的视域纳入自身视域。为了实现这一目的,我们需要对当代出版企业制度与民国出版企业制度各自的"生态圈"做简要比较。

总的来看,民国时期无论是宏观层面还是中观层面

① [法]保罗·利科著,莫伟民译:《解释的冲突:解释学文集》,商务印书馆 2017 年版,第 18 页。

和微观层面,均处于"例外状态"之中。"例外状态"的形成因素主要包括战争、暴动与抵抗等①。民国时期,先有持续十余年的军阀混战,后有长达八年的全面抗战,更兼中央政府长期弱势,全国许多地方兵匪横行。民国时期之所以长期处于"例外状态"之中,主要就是由上述因素所造成的。在这种状态之下,教育、医疗、交通等各项基础事业发展缓慢,国内经济困顿,民不聊生。笔者在开展本研究期间,曾花了三个多月时间在华中师范大学近代史研究所的图书室里,逐日翻阅 1912—1949 年的影印版《申报》并摘录相关内容,深刻感到内战、外战、暴动、天灾等"例外状态"高频出现,尤其是在 1912—1932 年,"军阀混战"出现的频率极高,几乎年年都有。从根本上看,民国时期就是一个苦难深重的年代。

民国出版业正是在这样动荡不安的环境中发展的,其发展受到极大的制约。1932 年,中华书局编辑所所长舒新城(1893—1960)对此有深刻认知,他说:"一种企业的繁荣,它的后面必得有一种'社会需要'在那里推动;而这种推动力的大小,又与社会经济的荣枯成正比例。近年来因世界经济崩溃之故,我国国民经济衰落的进程,每每超出我们的逆计之外……东三省的半壁已去,全国半年来的入超,多至四万万元,加以去年的水

---

① [意] 阿甘本著,薛熙平译:《例外状态》,(台湾)麦田出版社 2010 年版,第 55 页。

灾，减少财产一百余万万元，各地兵匪横行，就是那不受水灾的地方，亦不能安居乐业。一般人民最低的物质生活，尚且不能维持，全国的教员，几无一处可以按时拿到全薪，除去万不得已的教科书外，有谁要购买这不急之需的书籍？这是我们不能发展的根本原因！"① 这是一种典型的"例外状态"，国家和社会的各项系统长期"脱轨"运行。

因此，民国时期的出版企业制度既具有常态化特征，也具有"例外状态"特征，"例外状态"甚至长期占主导。"常态化"主要体现为商务印书馆、中华书局、世界书局、大东书局和开明书店等大企业，建立了股东会、董事会、监事会等一系列常规的科层制度。"例外状态"主要体现为编辑制度和发行制度。

民国时期的编辑制度是"作者型编辑"制度，即编辑除了负责选题、组稿、审稿、加工、发排、付印等业务工作之外，还要承担撰写书稿的任务②。究其原因，主要有两点。其一，民国时期出版业的基础"可以说是全建立于教课书上的，自一九二七年新的文化运动开展以来，'新书业'发达，营业基础略有异于往昔，但不久以前，各书店又纷纷以教课书为其生命线"③。因此，在大书局中，教科书

① 舒新城：《中华书局编辑所》，《图书评论》1932 年第 1 期。
② 欧阳敏：《晚清民国时期商务印书馆编审制度的变迁述论》，《编辑之友》2017 年第 1 期。
③ 李衡之：《日本出版界印象记——一个书业从业员的观察》，《文化建设》1936 年第 3 期。

编辑在编辑群体中占比最高,他们大多自中小学校跳槽而来,在书局中专门从事教科书的编写工作。其二,由于国内经济不景气、交通不便、国民文化素质整体偏低等诸多结构性因素,大众书籍销量十分有限,"多则销二三万部,少则销一二千部"[①],而欧美、日本的大众书籍销量"少则一二十万部,多则三五百万部"[②]。由此导致国内独立著作人市场发育迟缓,大书局往往倾向于让编辑承担部分撰稿任务。同时期,英国的顶尖出版企业——麦克米伦出版公司,其实行的是"业务型编辑"制度,"所有书稿皆为外间学者所著,接洽后,或由编辑人员分工审阅,或委托外间专家代为审阅。接受订约以后,即委托外间印刷,而以编辑事务人员任校对之责"[③]。当然,民国时期的大书局盛行"作者型编辑"制度,并不是意味着大书局完全不接受外来稿件,而是指编辑承担了部分本应由独立作者承担的职责。

民国时期的大书局往往自办发行,即在全国各主要城市设立分支机构,以销售本版书刊,这种制度同样带有"例外状态"特征,其模式为"出版商—出版商自设发行机构—读者"。

---

①陆费逵:《六十年来中国之出版业与印刷业》,《申报月刊》1932年第1期。

②陆费逵:《六十年来中国之出版业与印刷业》,《申报月刊》1932年第1期。

③王云五:《岫庐八十自述》,上海人民出版社2007年版,第182页。

此一时期,世界主流或"正常态"的图书发行制度是"出版商—批发商—零售商—读者"模式,即出版商一般不自设发行系统,而是以一定的折扣将书刊批发给批发商,而批发商再以一定的折扣将书刊销售给各家零售商,零售商将书卖给读者。这种制度在英国形成于 18 世纪下半叶,出版业与发行业的分离标志着英国现代出版业的诞生;在此之前,英国出版业盛行"产销一体"的联合出版制度,即出版商们结成联盟,联合出版书籍并联合销售①。到了 19 世纪 30 年代,随着英国铁路网络的快速扩张,专门的发行商则借助铁路系统,将出版中心伦敦各家出版商的出版物,以相对低廉的运输价格和较快的速度输送到伦敦以外的大城小邑,英国现代出版业驶入发展的快车道,当今英国的书刊和文具零售巨头 W.H.Smith 书店,就是在 19 世纪 30 年代靠着广泛开设火车站书报亭而腾飞的②。20 世纪二三十年代,依托统一的国内市场和发达的铁路系统,日本的书刊发行业逐渐发展成一门独立的成熟产业,"出书者几可说全只是中国所称为出版部的东西,所谓'书店'则多属自己不制造生产的贩卖店"③。

---

① 于文:《出版商的诞生:不确定性与 18 世纪英国图书生产》,上海人民出版社 2014 年版,第 160 页。

② Feather J. *A History of British Publishing*(2nd edition). London & New York:Routledge,2006:94.

③ 李衡之:《日本出版界印象记——一个书业从业员的观察》,《文化建设》1936 年第 3 期。

而铁路传入中国，则要等到 19 世纪 70 年代末 80 年代初，中国之有铁路，比西方整整晚了半个世纪。1930 年，全世界铁路总长为 1279735 公里，每 100 平方公里上的铁路约为 1 公里，每 1 万人拥有铁路 6.5 公里。其中：英国本土铁路总长 34416 公里，每 100 平方公里上的铁路约为 14.6 公里，每 1 万人拥有铁路 28.4 公里；中国铁路总长 13500 公里，每 100 平方公里上的铁路约为 0.12 公里，每 1 万人拥有铁路 0.28 公里[①]；日本本土铁路总长 21500 公里[②]，根据日本当时的国土面积和人口数量，每 100 平方公里上的铁路约为 5 公里，每 1 万人拥有铁路 3.1 公里。民国时期中国铁路远远落后于英、日等发达国家，由此可见一斑。

因此，民国时期的出版企业自办发行，实际上是对当时国家和社会各项系统（包括铁路系统）"例外状态"的一种被迫适应。这种"例外状态"是经由国际间的横向对比而得出的；如果我们换个角度，将民国时期出版企业自办发行与清代书商的销售方式进行纵向对比，则会发现一种"历史制度主义"的元素，即前者在一定程度上借鉴和延续了后者的制度经验。清代的著名书商如福建四堡的邹氏家族和马氏家族，他们的书坊普遍实行"产销一

---

① 中国工程学会编：《全世界铁路长度》，《中国工程学会会刊》1933 年第 2 期。

② 周逸清：《日本铁路之近况及其发达》，《铁路月刊（平汉线）》1935 年第 59 期。

体制",在销售方面主要有流动销售和开设分店这两种形式:他们在流动贩书时,如果发现某地市场比较大,通常会在当地建立分店;分店网络不仅反映了四堡书业的成功,还反映了四堡书业的发达①。民国时期有实力的出版企业在全国各主要城市自办分支局,或与当地人合办分支局,在一定程度上是对传统发行模式的借鉴。传统发行模式的基础是熟人网络,总店和分店的负责人之间往往具有血缘或亲缘关系,极易产生经济纠纷,管理成本很高。民国时期出版企业的分店虽然主要基于科层制②而非人情关系建立,但人情关系在一定程度上是存在的,分局管理者营私舞弊现象也时有发生。

　　以上对民国时期出版企业制度的"例外状态"做了简要梳理,当然,其"例外状态"远不止"作者型编辑"和自办发行,只不过这两者比较有代表性。我们不难理解民国时期出版企业的董事会运作机制,也不难理解其人事管理制度,因为这些无论是在当时还是当下都是"正常态"制度。"理解"的困难之处在于"例外状况"。造成民国时期出版企业制度呈现"例外状态"的原因主要来自

---

① [美]包筠雅著,刘永华等译:《文化贸易:清代至民国时期四堡的书籍贸易》,北京大学出版社 2015 年版,第 179 页。

② 科层制是一种组织形式,专业化、权力等级、规章制度和非人格化是科层制的基本特征。作为一种组织现象,科层制早在几千年以前的古罗马和古埃及便以各种简单的形式而存在。不过,大型组织的科层化趋势是在 19 世纪才逐渐加速发展起来的。

两个层面。第一个原因上文已经探讨过，即民国时期国家和社会的各项系统长期处于"例外状态"，出版企业制度受此结构因素制约，自然不能例外。第二个原因则源自时空差异，对于当下出版业而言，民国时期的出版业是一个异时空，整体上呈现"例外状态"。借用人类学的说法，民国时期的出版人就是一群生活在异域的"土著"，他们在自己的时空里建构出版企业制度。为了透彻地理解民国出版人所建构的企业制度，我们需要通过文献对民国出版人进行"访谈"，与他们对话，诀窍在于揣摩出"他们到底认为自己应该建构什么样的出版企业制度"，之后我们再对他们的经验进行评判和借鉴，将历史融入现实之中。

显然，我们的理解要通过比较才能获得。在对民国时期的出版企业制度（主要是"例外状态"）做了论述之后，我们还需要对当代的出版企业制度做简要论述。

产权制度方面，新中国成立后，国家对包括出版业在内的工商业进行社会主义改造，到1956年，国内出版社全部为国营，产权归国家所有，私营出版社退出历史舞台，这一制度至今未变，这迥异于民国时期的出版企业制度。产权制度是关于财产权利的一系列制度安排，它反映了资本的结构组成。"资本结构对出版企业文化传播立场的影响至关重要。我们在考察某一时期或地区的文化生态时，可以将'资本结构'作为一个关键词，这是因为传播立场会影响文化体系的建构，文化体系的反馈又会修正传播立场，它们有着互为因果的关系。了解了出版企业的资本结构，我们就能大致判断其文化传播的立场，进而感知其一定程度上'媒介化'了的文化生态。"[1]民国时期，国家和社会总体上呈现为分裂或分割态势，就出版而言，文学出版领域有"鸳鸯蝴蝶派"小说和"新文学"小说的分裂与冲突，教育出版领域有学校教科书和私塾教材的分裂与冲突[2]。这是由于民国时期出版企业的资本结构极为多元，既有如商务印书馆和中华书局这样以文化商人和知识分子为主要股东的稳健型企业，也有如开明书店这样以开明知识分子为主要股东的"中间偏左"企业，还有如生活书店这样以左翼知识分子为主要股东的先锋型企业，甚至还有如福建四堡书坊这样以传统书商为主要股东的作坊式企业。纷繁的资本结构形态，导致民国时期的出版话语极为割裂，国家和社会难以凝聚共识。新中国成立后，国家对出版业的产权制度进行社会主义改造，正是要从根本上结束出版业的分裂局面，使其致力于塑造统一的社会主义文化图景。

发行制度方面，"新中国成立后，为了适应社会主义

---

[1] 范军、欧阳敏：《论民营出版企业资本结构的演变及其对经营的影响——以上海世界书局和大东书局为考察中心》，《中国出版史研究》2016年第1期。

[2] 虽然清政府于1905年废除科举，但是私塾并没有立刻消失，相反，在之后的近半个世纪里，私塾在中国广大的农村地区依然有较强的影响力。

文化建设的需要,党和政府对发行制度进行彻底改造:一是发行业的主体由私营出版企业转变为国营的新华书店系统,二是建立了覆盖全国的发行网络"[1],发行业与出版业实现了分离。如今,新华书店系统仍然是中国书刊发行的主要渠道。此外,随着互联网的发展,当当网成为新书刊网上销售的主要渠道,孔夫子旧书网则成为旧书刊网上销售的主要渠道,出版社自办发行(如开设售书网站以及通过门市零售或批发)虽然比较常见,但大多流于形式,影响极为微弱,远远不能与新华书店、当当网等相提并论。

编辑制度方面,当代编辑制度是一种"业务型编辑"制度,即编辑主要从事选题、组稿、审稿等业务型工作。出版总署于 1952 年 9 月 8 日颁布《关于公营出版社编辑机构及工作制度的规定》,这份文件在新中国出版史上具有里程碑式的意义,因为它明确提出了编辑工作的"三审制度",并规定国营出版机构必须设立以总编辑为首、包括若干编辑人员的编辑部,这对今天的编辑制度仍有深远影响[2]。

综上所述,从企业制度来看,民国时期的出版业与当今出版业之间存在着明显的"断裂"关系,主要体现为产

---

①欧阳敏:《"十七年"出版机构制度变迁研究》,《科技与出版》2020 年第 11 期。

②欧阳敏:《"十七年"出版机构制度变迁研究》,《科技与出版》2020 年第 11 期。

权由私有转为公有、发行业从依附出版业转向独立、编辑制度从"作者型编辑"转向"业务型编辑"等。对于"断裂"关系的理解既是难点,也是重点。此外,当今出版业与民国时期出版业之间还存在着隐性的"路径依赖"关系,即民国时期出版业的某些制度经验对当今出版业仍有影响。出版史研究的"用处",主要就体现为对"路径依赖"关系的发现和解释,研究意义部分将对此展开论述。

二、研究意义:彰显出版的本质属性和制度意义

1895 年在中国近代史上是一个极其重要的年份,这一年,相比鸦片战争带来的耻辱,甲午战败对国人的刺激是前所未有的。经历过这一巨变的张元济在 1949 年曾回忆道:"我们被日本打败。大家从睡梦里醒来,觉得不能不改革了。丙申年(1896 年)前后,我们一部门同官,常常在陶然亭聚会,谈论朝政。"[①] 经过此战,彻底改革成为上下的"共识",激进则是普遍的"心情"[②],学校、报馆、出版社等现代事物开始涌现。商务印书馆的创办人之一张蟾芬曾对商务诞生的时代背景有过介绍,他说:"当甲午失败之后,变法自强、废科举、兴学校,经朝野一致之主张与努力,而入于维新时代。故商务之成功,半由人事之努力,半由

①张元济:《张元济全集·第 5 卷·诗文》,商务印书馆 2008 年版,第 232 页。
②葛兆光:《中国思想史》(第二卷),复旦大学出版社 2013 年版,第 474 页。

时代之造成。"① 由此可知,中国现代出版业诞生于国家和民族危亡之际,现代出版人肩负着以出版物传播和普及新知、从文化层面促进国家和民族自强自立的使命。

在民国时期的出版人中,陆费逵的这种使命感尤为突出。1906 年,时任文明书局高级职员的陆费逵对于出版之于国家和社会的重要性有深刻的认知。他认为当时的中国积贫积弱,要想改革就应该从改革社会开始,而改革社会的关键则在于推行"好"的教育②。在"好"的教育的对立面,有四种教育模式桎梏了国家和社会的发展,它们是:官吏主义教育,即接受教育是为了做官,是典型的官本位思想;模仿主义教育,即全盘西化式的教育;教会主义教育;殖民主义教育③。可知,陆费逵想要走的是"教育救国"的道路,其想要达到两个目的:对内养成具有现代知识素养的新民众,对外能屹立于世界民族之林。而"教育救国"除了以学校为载体之外,还要依赖一个更为基础性的装置——出版业。

陆费逵尤其注重从国家战略的角度看待出版业。1906 年,他对上海的出版业进行考察后发现,上海有一百余家出版机构,当时掌控上海出版业的是少数外资出版

①张蟾芬:《余与商务初创时之因缘》,《东方杂志》1935 年第 1 期。
②陆费逵:《论改革当从社会始》,《陆费逵文选》,中华书局 2011 年版,第 32 页。
③陆费逵:《著作家之宗旨》,《陆费逵文选》,中华书局 2011 年版,第 40 页。

机构或中外合资出版机构,如美华书馆、土山湾印书馆、商务印书馆等,而纸张、印刷设备、字模等几乎全为外商掌控,"以堂堂大中国,竟无一完全自立之书籍商"①。将出版这一关乎国民素养和国家文化安全的事业拱手让给英、美、日等国的商人,这令陆费逵感到痛心疾首,这也成为他日后创办中华书局的主要动机。1912年元月,陆费逵在《中华教育界》上发表《中华书局宣言书》,提出中华书局的"四大宗旨":养成中华共和国国民;并采人道主义、政治主义和军国民主义;注重实际教育;融合国粹欧化②。而为了实现上述宗旨,陆费逵从资金、技术、人才、出版物等多方面努力,增强中华书局的社会影响,而建立企业制度就是其中关键的一环。

综上可知,民国时期的杰出出版人如张元济、陆费逵等,他们将出版业置于国家战略的层面:出版的本质属性是文化,关乎国民素养和国家的文化安全,即出版作为国家和社会的文化基础设施,能够培育民众共同的文化感知结构,使其凝聚为具备现代知识素养的"想象共同体",屹立于世界民族之林。为了实现上述目标,出版机构需要建构相应的制度,而股份公司制度就是当时的先进制度。出版的本质属性是文化,股份公司制度对于出版企业来说具有相当的重要性,这就是民国时期出版业对于

①陆费逵:《中国书业发达预算表》,《陆费逵文选》,中华书局2011年版,第35—36页。
②陆费逵:《中华书局宣言书》,《中华教育界》1912年第1期。

当代出版业的影响。

（一）出版的本质属性是文化

从 1912 年成立至今，中华书局即将迎来 110 岁的生日。"商务印书馆是戊戌变法期间在维新思潮激荡下的产物，中华书局是辛亥革命时期力争民族文化自主的产物。中华书局是近代中国新式出版业的佼佼者，于创新倡变的过程中，又不忘保存和弘扬传统文化，这是它在百载历练中松柏长青、老当益壮的原因所在。"① 出版的本质属性是文化，中华书局合法性的根基便在于以出版促进文化的传承与创新。

关于文化的定义，可谓言人人殊。笔者借鉴英国马克思主义文化批评家雷蒙·威廉斯的相关论点，认为文化是某一群体的某种特定生活方式，以及该群体成员在此基础上所形成的某种感觉结构。此外，文化不是僵化的实体，而是始终处于持续不断的选择和阐释之中，大部分生活方式以及基于此形成的感觉结构会消融在历史长河中，而少数被长期保留下来的生活方式及感觉结构，就凝结成了文化传统。"所谓文化传统不但是现在的人对昔日文化的一种选择，更是现在的人对昔日文化的一种解读。"② 因此，对于文化的分析需要把握如下三个方面：立足于特定

---

① 周佳荣：《香港学者论中华书局》，中华书局（香港）有限公司 2013 年版，序言。
② ［英］约翰·斯道雷著，常江译：《文化理论与大众文化导论》（第七版），北京大学出版社 2019 年版，第 48 页。

的生活方式；建构特定群体的感觉结构；发现文化传统。

出版的本质属性是文化，所有出版活动都要以文化本位为最终指向[1]；而民族是一种精神文化性存在，出版有可能决定民族的精神文化性存在[2]。出版活动的最终指向乃是为民族的精神文化性存在服务，我们可以将出版的本质理解为：通过知识传播（尤其是文本的经典化）来形塑民族精神。若基于上述三个方面来阐释出版的本质属性，我们会有如下认知：特定文本具有特定的时空背景，它们由作者基于特定的生活方式和感觉结构创作而成；出版人作为文本的"把关人"，他们在很大程度上影响了经典文本的生产与传播机制，而经典文本的代代相传恰好证实了文化传统。

民族精神是一种典型的文化形式，它要依托一定的载体来表现。它是抽象之物，其内涵表现为：民族精神是一个民族在长期的历史进程中形成的心理状态、价值观念、思维旨趣的集中体现，它是该民族文化的内核和灵魂[3]。它也是具体之物，表现为：英雄个体或群体的事迹；经典文本，如四书五经、四大名著、红色经典；地理标志，

---

① 曾建辉、范军：《贺圣遂的出版观：关于出版的本质》，《中华读书报》2019 年 10 月 23 日第 6 版。

② 于殿利、沈世婧：《理解出版的本质　才可立于不败之地》，《教育传媒研究》2017 年第 3 期。

③ 李帆：《近代中国的民族认同和民族精神的弘扬》，《史学集刊》2008 年第 1 期。

如长江、黄河、昆仑山；文化遗产，如长城、故宫、秦始皇兵马俑；纪念建筑，如人民英雄纪念碑、烈士陵园；仪式庆典，如阅兵仪式、传统节日。在民族精神的诸多载体中，仪式庆典和经典文本是最为显著的载体[①]。而出版人的宗旨正是以经典文本为载体形塑民族精神，出版人在形塑民族精神方面具有天然的比较优势。

作为"想象性共同体"的民族及由此衍生的民族精神之所以成为可能，不光是因为像梁启超这样的精英知识分子倡言了新概念和新价值，更重要的还在于大众出版业的影响。像商务印书馆和中华书局这样的大出版公司的兴起，比1912年共和民族国家的建立为时要早[②]。

在五四运动之前，倡导弘扬民族精神主要表现为少数仁人志士如梁启超、李大钊等人的个人行为；随着五四运动后民族民主革命的勃兴，尤其是抗日战争的爆发，民族精神逐渐上升为国家意志。"科学""民主""文明""现代""勇武""坚忍"等曾是近代不同时期民族精神的关键要素。改革开放以来，民族精神又有了新的内涵。2002年党的十六大报告第一次明确提出了弘扬和培育中华民族精神的时代课题，并将民族精神的内涵概括

①［德］扬·阿斯曼著，金寿福、黄晓晨译：《文化记忆：早期高级文化中的文字、回忆和政治身份》，北京大学出版社2015年版，第88页。

②李欧梵著，毛尖译：《上海摩登——一种新都市文化在中国（1930—1945）》，浙江大学出版社2017年版，第62页。

为"团结统一、爱好和平、勤劳勇敢、自强不息"。由是,全国很快出现了关于民族精神新的讨论热潮[1]。自 2003 年起,中宣部、原国家新闻出版总署每年都围绕重大事件、重大时间节点、重大理论,部署年度重点出版物选题规划,逐渐形成惯例,这便是"主题出版"[2]。主题出版的主要目的正在于通过出版物形塑当代民族精神。2018 年 3 月 20 日,习近平总书记在第十三届全国人民代表大会第一次会议上讲话指出:"中国人民在长期奋斗中培育、继承、发展起来的伟大民族精神,为中国发展和人类文明进步提供了强大精神动力。"总书记还对中国人民的伟大民族精神的内涵做了深刻阐释,其包括伟大创造精神、伟大奋斗精神、伟大团结精神和伟大梦想精神[3]。当下出版业所要形塑的民族精神便是上述伟大民族精神。

（二）企业制度之于出版机构的意义

按照旧制度经济学家凡勃伦的理解,"企业的动机是金钱上的利益,它的方法实质上是买和卖,它的目的和通常的结果是财富的积累"[4]。在当代中国,出版企业是文化

---

①郑师渠:《近代关于民族精神认知的当代启示》,《史学史研究》2013 年第 2 期。

②郝振省、韩建民:《主题出版的历史与内涵》,《出版与印刷》2021 年第 1 期。

③习近平:《在第十三届全国人民代表大会第一次会议上的讲话》,《人民日报》2018 年 3 月 21 日第 2 版。

④［美］凡勃伦著,蔡受百译:《企业论》,商务印书馆 2017 年版,第 16 页。

企业,其不同于一般工商企业的关键之处,正如当代出版家刘杲先生所言:出版企业将文化作为目的,而经济只是实现文化目的的手段①。当然,这并不是说"经济"之于出版企业就不重要,只是其重要性程度要弱于"文化"。在近代中国,虽然出版企业处于资本主义商业体制之中,但是以商务印书馆、中华书局和开明书店等为代表的出版业的佼佼者,确实将文化置于本位,同时也注重企业制度建设。

制度是形塑人们行为的一套规则,它的目的在于提高人们行为的可预见性,以降低交易成本。制度分为正式制度和非正式制度,前者是成文的,后者是不成文的。在企业制度中,正式制度主要是指产权制度、组织制度和管理制度等成文制度,非正式制度主要指企业文化、企业家精神等不成文制度。同样是实行股份公司制的企业,但是面貌却千差万别,主要是由如下原因造成的:(1)不同的企业家在实施和执行正式制度时,各有差异,正式制度所能发挥的功能各异②;(2)不同的企业家基于自身特性会赋予各自的企业以不同的"品格",建构面貌各异的非正式制度。中国近代出版史上,商务印书馆、中华书局、世界书局、大东书局、开明书店均实行股份公司制,但各自的特色都十分鲜明,开明书店有同人色彩鲜明的"开

①刘杲:《出版:文化是目的 经济是手段——两位出版人的一次对话》,《中国编辑》2003年第6期。

②[美]道格拉斯·C.诺思著,杭行译:《制度、制度变迁与经济绩效》,格致出版社2014年版,第65页。

明风"，中华书局则有凝聚力很强的"大家庭"文化。还有一些书局，由于不注重制度建设，而导致管理混乱，交易成本过高，最终趋于衰落，典型者如北新书局。

1954年4月30日，时任出版总署副署长的叶圣陶在财经出版社（由中华书局改组而成）成立大会上特别指出："制定一些切实可行的制度是很必要的。没有制度，大家在工作中就没有准绳，工作就配合不好，职权也就不分明……有些制度，中华书局原本就有的，但应根据工作的发展，逐步加以修改补充，使之更加合理和健全。我们既反对不要制度的手工业倾向，也要反对不从实际出发企图一下子把各种制度订得尽善尽美的主观主义倾向。"[①]叶圣陶的这段话阐述了制度之于出版企业的重要性，即是使得人们的行为有规可依，提高其行为的可预测性。

此外，"路径依赖"是新制度主义理论中的重要概念，指的是现在的制度受到过去制度的影响，同时也会影响未来的制度。我们研究近代中华书局的企业制度，便是基于"路径依赖"，试图建构一条优秀制度得以延续的脉络。

三、研究方法：运用过程追踪法探寻因果机制

笔者在开展本研究的过程中，所持的是一种"因果机

---

①中国出版科学研究所、中央档案馆编：《中华人民共和国出版史料（6）》，中国书籍出版社1999年版，第250—251页。

制"的本体论,即中华书局的成功(果)受到由其企业制度的诸多方面因素(因)的推动。在社会科学研究领域,"过程追踪法"是研究者们在分析因果机制时运用得比较广泛的一种研究方法。本研究主要采用"过程追踪法"。

过程追踪法是在单一个案研究设计中考察因果机制的工具[①]。过程追踪法有三种变体:理论检验型过程追踪、理论建构型过程追踪、解释结果型过程追踪。在理论检验型过程追踪中,一项因果机制被假设出现于一种现象诸多个案的总体之中,其追寻的是一般化可推广的因果机制;理论建构型过程追踪涉及建构关于 X 和 Y 之间的因果机制的理论,从我们对该机制一无所知的局面开始,该理论可以被推广适用到某一给定现象的总体[②]。解释结果型过程追踪是最常见的一种,它是通过在个案研究中建立最低限度的充分解释来解释特别令人困惑的历史结果,它是一种迭代研究策略,旨在追踪产生问题结果的系统性的和就事论事的因果机制的复杂合成物[③]。

---

①[丹麦]德里克·比奇、[丹麦]拉斯穆斯·布伦·佩德森著,汪卫华译:《过程追踪法:基本原理与指导方针》,格致出版社2020年版,第2页。

②[丹麦]德里克·比奇、[丹麦]拉斯穆斯·布伦·佩德森著,汪卫华译:《过程追踪法:基本原理与指导方针》,格致出版社2020年版,第11—12页。

③[丹麦]德里克·比奇、[丹麦]拉斯穆斯·布伦·佩德森著,汪卫华译:《过程追踪法:基本原理与指导方针》,格致出版社2020年版,第19页。

　　本研究主要采取解释结果型过程追踪法,这种方法"有时更接近于历史学者的工作"[1],"分析者可以以一种更类似于历史学方法论或经典侦探工作的方式推进研究——例如,通过筛选证据,从结果往回倒推,试图发现产生结果的合理的充分因果机制"[2]。具体而言,本研究通过对作为"结果"的中华书局的产权制度、组织制度和管理制度的分析,廓清这些制度得以建立的诸多原因,然后再揭示其与当下的出版企业制度的"路径依赖"关系,将历史与当下有机结合起来。

① [丹麦]德里克·比奇、[丹麦]拉斯穆斯·布伦·佩德森著,汪卫华译:《过程追踪法:基本原理与指导方针》,格致出版社2020年版,第19页。

② [丹麦]德里克·比奇、[丹麦]拉斯穆斯·布伦·佩德森著,汪卫华译:《过程追踪法:基本原理与指导方针》,格致出版社2020年版,第20页。

第二章　中华书局的产权制度

产权(property rights)是财产权的简称,是市场经济发展过程中的一个重要概念。产权经济学家德姆塞茨认为产权是"使自己或他人受益或受损的权利","产权是一种社会工具,其重要性就在于它能帮助一个人形成与他人进行交往时的合理预期"[①]。具体来说,"产权是以财产为基础的若干权能的集合,在经济学中一般分解为所有权、占有权、支配权和使用权四项权能;法学上则分解为所有权、使用权、收益权和处置权"[②]。资源的稀缺性和经济人理性是产权起源的两大促进因素,因此明确的产权界定是两大因素作用下形成的多数人的合意。界定后的产权主要包括私有产权、公司产权、社团产权、共有产权和国有产权等形式。

公司产权又被称为法人产权,"即关于如何行使对公司的各种权利的决定而不是由某个自然人做出的,而是

①[美]H. 德姆塞茨著,银温泉译:《关于产权的理论》,《经济社会体制比较》1990 年第 6 期。
②邓荣霖主编:《现代企业制度概论》,中国人民大学出版社 1995 年版,第 87 页。

由公司的决策机构——法人代表机构对权利的形式定义规则并作出约束"[1]。公司所拥有的产权具有独立性和排他性，即它同一般的产权具有相同的特征。

诺斯指出："制度是社会中的游戏规则，或者从更一般的意义上说，是人类设计的用以规范人们相互关系的强制性安排。制度构成了人们在政治的、社会的或经济交易中的激励机制。"[2]从这个角度来看，制度是一种具有社会和法律意义的强制性安排。公司产权作为市场经济中的一个重要概念，必须加以"制度化"才能保证围绕产权进行交易的各方的利益，所谓公司产权制度，"它是以公司的法人财产为基础，以出资者原始所有权、公司法人产权与公司经营权相互分离为特征，以股东会、董事会、执行机构作为法人治理结构来明确各自权力、责任和利益的企业财产组织制度"[3]。企业产权制度是企业制度的核心，产权制度的安排对企业来讲意义重大，合理的产权制度安排能够激励企业发展、约束产权主体的行为以及促进企业资源的有效配置。一套法律上强有力的产权制度应该包括：产权安排，即通过产权界定，确定谁有权做

---

[1]刘明慧主编：《现代企业制度概论》，中国财政经济出版社2005年版，第50页。

[2]吴申元主编：《现代企业制度概论》，首都经济贸易大学出版社2009年版，第33页。

[3]邓荣霖主编：《现代企业制度概论》，中国人民大学出版社1995年版，第93页。

什么并确立相应的产权规则；产权结构安排——明确界定出资者、经营者与生产者之间的权利与义务关系，最优化的激励约束机制，法人财产权的独立性，有效的监督机制；有效的产权保护[①]。

事实上，晚清政府在西方列强的猛烈冲击下，已经开始建立与现代公司制度相配套的制度体系，但步子迈得仍不够大。"武昌起义"是近代中国制度变革的大事件，新成立的中华民国临时政府将发展现代工商企业作为重心。较之于晚清政府的"一步三回头"，新政权则是大踏步前进。武昌起义的枪声还在回荡之际，几个年轻人就在上海创立了一家小书局，名为"中华书局"，时为1912年元旦。刚成立这家小书局的主持者陆费逵（1886—1941），曾是商务印书馆独当一面的大将。他于1908年进入商务印书馆，任国文部编辑员，1909年升任出版部部长兼交通（相当于今公共关系）部部长、师范讲义社主任，深受商务当时主持者张元济和高梦旦的赏识，高梦旦为了坚固其心，亲自做媒将本家侄女许配给陆费逵。怎奈陆费逵终非"池中之物"，自有其理想与抱负，最终还是另组书局与商务"分庭抗礼"。

中华书局发展的速度是惊人的，成立的头一年，就向"老大哥"商务印书馆迅猛发招，一度令其招架不住。凭

---

① 魏杰等：《产权与企业制度分析》，高等教育出版社1997年版，第38页。

着"中华教科书"系列,中华书局在民国出版界的"丛林"里站稳了脚跟,往后的岁月里,它以勇于担当国家社会责任的姿态逐渐成长为民国第二大出版企业,为教育和文化事业做出了相当的贡献。在中华书局的历史里,国家社会变迁与民国出版企业经营活动和规律交织在一起。

第一节 企业法人产权的确立

中华书局成立之初是合伙制性质的企业,一年以后,规模急剧扩大,亟需新资本的注入,遂改为股份有限公司。股份制改革后的中华书局,企业取得了独立的法人资格,出资者对企业的终极所有权与法人产权相分离,法人产权与经营权相分离,形成了股权、公司法人产权、经营控制权、监督权既相互分离又相互联系和制约的公司产权结构。

现代企业产权制度就是围绕着现代企业产权所形成的一系列制度安排,产权归属清晰是建立现代企业产权制度的基础和前提。产权的权能包括所有权、占有权、支配权和使用权等,这些权能可以统一也可以分解,但是不论是统一还是分解,其目的都是要保证产权拥有者获取经济利益的权利。

一、明确产权的归属关系

（一）"两次分离"与"三权分立"

从资产的归属关系看，出资人投入到中华书局的全部实际资产成了中华书局的企业法人财产，出资人对实际资产的所有权变成了价值形态的股权，这是出资者所有权与公司法人产权的分离；公司法人产权集中于董事会，董事会并不直接经营财产而是聘请总经理经营，这是公司法人财产与经营权的分离。经过"两次分离"，各权利主体的边界得以确定：中华书局股份有限公司的股东对公司拥有终极所有权，将经营权让渡给企业法人，股东不能直接干预公司的经营，而是以股东常会或股东临时会议的形式来间接参加公司的经营管理活动，股东会是公司的最高权力机构；董事会是公司的经营决策机构；总经理及其助理是公司的执行机构；中华书局还设有监事两名，对董事和总经理进行监督。这实现了在产权结构安排下，决策权、执行权和监督权的有效分立与制衡。

（二）多种途径固化产权制度

产权制度建立与固化可以通过法律化、契约化、传统习俗等途径来实现。书局为了规范产权的法人形态，曾多次向政府部门注册，最早的一次是 1913 年 7 月向北洋政府呈递股份公司注册表（见表 2-1）。

产权制度关系到企业为谁所有，通过企业的股本结构，可以判断企业的归属。1950 年，党和政府对上海私营出版业进行整顿,世界书局和大东书局由于官僚资本比例过高而被军事接管;商务印书馆和中华书局由于历来对官僚资本保持警惕,官僚资本占比极低,因而得以保全。中华书局在其民国时期的经营史上曾遭遇过两次官僚资本入侵危机。一次是"民六危机"之后,书局缺乏造货资本,为免官僚资本介入,陆费逵发动实业界股东组织银团为书局垫本。另一次是1935年,孔祥熙指令中华书局与中央、中国、交通三家银行联合组织钞票公司,董事会经过反复讨论,认为官商合办太危险,最终回绝了政府指令。

此外,中华书局还制定了严密的公司章程和相关的规章制度,确保公司的法人地位,维护产权主体的利益。

二、产权权能的实现

(一)产权的收益分配

产权的每一项权能都包含一定的收益,即拥有的产权可转化为提供人们享有的各种物品和服务,或者是取得收益分配的依据(股票)。因此,收益分配是产权的一项重要功能。产权收益分配包括产权法人收益分配和出资者产权收益分配两方面。

表2-1　中华书局注册登记表①

商　　号	中华书局股份有限公司
营　　业	出版印刷与关系之贸易
责　　任	有限
资　　本	上海通用银元一百万元
创办人或出资人	陆费逵、陈寅　均住上海百老汇路　戴克敦住上海老靶子路　沈知方住上海观盛路　沈继方住上海美根路
总代号所在地	总公司设上海虹口东百老汇路　分局设北京、天津、保定、长春、太原、南昌、开封、汉口、武昌、长沙、广州、杭州、温州、南京、福州、成都、重庆、陕西、云南
设立年月日	民国二年四月二十日
注册年月日	民国三年七月二十一日
注册号数	公字第五十六号

①中国第二历史档案馆编:《中华民国史档案资料汇编(第三辑文化)》，江苏古籍出版社1991年版，第485页。

中华书局作为企业法人,有权从企业的利润中提取公积金。世界上最早提出公积金概念的法律,是法国1867年颁布的公司法,之后被许多国家效仿。公积金是指"股份有限公司为了弥补意外亏损、扩大生产规模和经营范围,巩固公司财务基础从公司营业盈余中提取的一部分资金"[1]。民国时期的历届政府通过法律的形式来确保公司获取公积金的权利。北京政府1914年颁布的《公司条例》第一百八十三条规定:"公司分派盈余时应先提存二十分之一以上为公积金,以超过票面发行股票所得之溢价亦入公积金。公积金以达到资本四分之一为止。"第一百八十四条规定:"公司非弥补损失及照前条提存公积金后,不得以其盈余分派于股东。"南京国民政府1929年颁布的《公司法》第一百七十条规定:"公司分派盈余时,应先提出十分之一为公积金。但公积金已达资本总额二分之一者不在此限。超过票面金额发行股票所得之溢价,应全部作为公积金。"南京国民政府1946年颁布的《公司法》第二百三十条规定:"公司分派每一年度之营业盈余时,应先提出十分之一为公积金,但公积金已达资本总额时,不在此限。"

企业提取公积金是为了企业的可持续发展,从1914年起,中华书局作为企业法人每年从营业盈余中提取一定比例的利润作为企业公积金。在1914年制定的公司章程

---

①郭红玉:《股份制与股份有限公司》,人民出版社1992年版,第165页。

中,规定的盈余分配办法里就有关于公积金的说明,"先支付股东官利常年八厘;余数分作二十成,股东得十成,创业(即创办人)二成,公积三成二厘,特别酬劳八厘,办事人四成"①。1916年第六次股东常会上通过决议,"以后凡官红利超过二分时,应董事会酌情提特别公积,但须经股东常会通过",当年提取法定公积2万元,特别公积3万元②。1925年修订的中华书局股份有限公司章程第二十五条规定:"每年度收入之利益除去开支及折除外,如有盈余,先提二十分之一为法定公积……并得视察当时情形酌提特别公积。"③积累经年,公积金在关键时刻发挥了作用。如1936年12月,中华书局召开临时股东会,决议增加资本两百万元,由原有二百万增至四百万元,当时的增资办法是,"其中五分之四(即一百六十万元)系以哈同路厂地售款余盈余,及历年公积金及二十五年下年度盈余拨充"④。在会计处理上,企业公积金和公司资本同列于公司资产负债表的负债栏中,并附于公司资本总额之后,因而公积金又有附加资本之称。以1932年中华书局的资产负

①钱炳寰编:《中华书局大事纪要(1912—1954)》,中华书局2002年版,第11页。
②《申报》记者:《中华书局股东会纪事》,《申报》1916年6月9日第10版。
③汪家熔辑注:《中国出版史料(近代部分·补卷上册)》,湖北教育出版社2011年版,第111页。
④《华股研究周报》记者:《中华书局股份有限公司》,《华股研究周报》1942年第10期。

债表为例,当年公司的资本总额为 200 万元,紧随其后的总局公积金为 47800 元,分局公积金为 48644.083 元[1]。

投资者产权收益主要是股息和红利。股息和红利都来自盈余,分配给股东作为其产权收益。1914 年,中华书局修订公司章程中的盈余分配办法,每股 50 元的股票年付官利(即股息)8 厘,计 4 元;其余分作 20 份,股东得 10 份,创办人 2 份,公积金 3.2 份,特别酬劳 0.8 份,办事人员 4 份[2]。1925 年修订的中华书局股份有限公司章程规定:"每年度收入之利益除去开支及折除外,如有盈余,先提二十分之一为法定公积,二十分之一为职员奖励金,其余分为十成,股东红利得八成,职员花红得二成。"[3] 中华书局股东的收益情况,如表 2-2 所示。

表 2-2　中华书局股东每股股息和红利统计[4]

时间	金额总计(元)	备注
1912.6—1915.12	55	
1916.1—1920.6	—	缺资料

---

[1]《会计杂志》记者:《上海四大书局之决算报告》,《会计杂志》1933 年第 1 期。

[2] 俞筱尧、刘彦捷编:《陆费逵与中华书局》,中华书局 2002 年版,第 304 页。

[3] 汪家熔辑注:《中国出版史料(近代部分·补卷上册)》,湖北教育出版社 2011 年版,第 111 页。

[4] 俞筱尧、刘彦捷编:《陆费逵与中华书局》,中华书局 2002 年版,第 304 页。

续表

时间	金额总计(元)	备注
1921.7—1925.6	20.75	
1925.7—1931.6	—	缺资料
1931.7—1935.6	28.5	
1935.7—1939	7.5	

中华书局在成立的初期为吸引资金,采取了厚发股息的办法,"官利"八厘,但是在动荡的时局中,股息其实一直都是在变动的,而且被压得很低,据中华书局当年的汉口分局经理徐秀成后来回忆,"资金收足后,因关金、法币等币制,形同悬崖转石,每况愈下,降低了股息,甚或数年得不到股息"[1]。1937、1938、1939 年,股息均只为 3 厘,1940 年为改善书局同人的生活窘况,当年股息调为 8 厘,1941 年降为 6 厘,1942 年再降为 3 厘[2]。

需要指出的是,中华书局在股息分配上和当时大多数的股份制企业一样,有其不够"现代"的一面,那就是在股息分配上实行"官利"制度。"'官利'又称'官息',也称'正息'、'股息'、'股利',与'余利'、'红利'对应称呼。它的特点在于:其一,不管是谁,只要购买了企业的股票成为股东,就享有从该企业获取固定利率——官利的权利,而不管该企业的经营状况如何。其二,这种固定

---

①寿充一编:《孔祥熙其人其事》,中国文史出版社 1987 年版,第184 页。

②《华股研究周报》记者:《中华书局股份有限公司》,《华股研究周报》1942 年第 10 期。

的官利利率一般以年利计算。"[1]

官利制度自近代中国第一家股份制企业——轮船招商局成立时就已存在,是晚清至民国时期公司分配制度的一种通行做法。究其原因,主要是传统资本市场的高利贷性质和中国近代经济社会结构的高度不确定性。晚清至民国时期的官利制度到底存在了多久? 有学者认为其至少存在了 75 年[2]。1914 年《公司条例》、1929 年《公司法》和 1946 年《公司法》中,官利制度的"尾巴"一直保留。1914 年《公司条例》第一百八十六条规定:"公司开业之准备如须自设立注册后,两年以上始得完竣,经官厅许可者,公司得以章程订明开业前分派利息于股东,前项利息之定率不得超过长年六厘。"1929 年《公司法》第一百七十三条规定:"公司依其业务之性质,自设立登记后如需二年以上之准备,始能开始营业者,经主管官署之许可,得以章程订明于开始营业前分派股息于股东。前项股息之定率,不得超过周年五厘。"1946 年《公司法》第二百三十三条规定:"公司依其业务之性质,自设立登记后如需二年以上之准备,始能开始营业者,经主管官署之许可,得以章程订明于开始营业前分派股息于股东。"

从这三部法律的规定中可以看出,民国时期官利制

---

①朱荫贵:《引进与变革:近代中国企业官利制度分析》,《近代史研究》2001 年第 4 期。

②朱荫贵:《引进与变革:近代中国企业官利制度分析》,《近代史研究》2001 年第 4 期。

度的影响因素始终存在，但是影响渐趋弱化。这在中华书局公司章程中可见一斑。1914 年的章程中规定每股官利年付 8 厘，此外还有红利；到 1925 年，修订后的公司章程取消了官利的提法，而是规定在当年有盈余的情况下，先提取二十分之一的法定公积和职员奖励金，其余分成十成，股东红利得八成。

第二节　产权的市场化运营

公司产权可以分为股权形态和实物形态，股权形态是指对公司的资产通过购买股票的形式来占有，体现的是出资者对公司财产的原始所有权；实物形态是指对公司资产直接实物的占有，体现的是公司法人对公司财产的法人产权。出资者将资本投入到企业，获得了索取剩余价值和支配处置其所有财产的权力；公司法人为了公司的永续发展，必然要对资源进行合理配置，对产权的各项权能进行优化设计。因此，公司产权的运行包括出资者的股权运作和法人产权的运作。中华书局产权的运作体现了市场化特征，较为科学规范。

一、股权运作方面

股东一旦将股本投入到公司中，就不能将股本从公司中抽出了，除非是公司破产清算。股东也不能直接干涉公司的经营活动，但是可以通过手中持有的股票来影响公司的决策。股票是股东获取收益的凭证,是一种有价证券,可以在证券市场上进行转让。股票的认购、转让是股权运作的主要表现形式。

（一）股票的认购

投资者认购中华书局发行的新股票,成为公司的股权持有者,这是股权运作的第一步。1925 年修订的公司章程规定公司的股份为银币二百万元,分为四万股,每股银币五十元。股票分为一股、五股、十股、二十股、一百股五种,附有息单[1]。中华书局曾在 1913、1916、1925、1936 年增加公司资本,增资后的资本总额分别为 100 万元、160 万元、200 万元、400 万元,增资的方法包括发行新股,利润和公积金资本化,向旧股东无偿分配股份。1916 年增资的办法是,"此次股东会决议增加股本一百万元,合成两百万元,除留出二十万元归办事人认缴外,现以四十万元归旧股东,四十万元另集新股"[2]。1936 年中华书局临时股东会议决议增加资本二百万元,连原来的资本合成四百万元,"每股仍为五十元,共计八万股。所有增资之四万股,老股东每五股可以认附四股,计三万二千股;余八千股公募之,但老股东如愿额外认附有优先权。上项老股东每五股认附之四股,系将各种应分派之盈余、分局公积及提回部分固定资产过去折旧之过多者抵充,

---

[1] 汪家熔辑注:《中国出版史料(近代部分·补卷上册)》,湖北教育出版社 2011 年版,第 108 页。

[2]《申报》1916 年 6 月 18 日第 1 版。

并不补交现金"①。

对于股票的挂失，公司章程中亦有说明，"股票如有
遗失，得觅妥实保人将户号数通知本公司挂失，一面登记
本公司指定日报两种，过两个月如无纠葛，由本公司填给
新股票。存记之图章如有遗失，亦照前项觅保、挂失、登
报各手续办理"②。

（二）股票的转让

公司的经营效益会影响股东的持股决心和持股数的
多少，因此，股东会根据公司的具体情况来转让股票的
所有权，尽可能避免投资的损失和确保投资的增值。中
华书局公司章程中对股票转让的操作流程有明确的规
定，"股票后面印有让渡表，股东欲将股份让与他人，应
向本公司申请，依表签名盖章，并由总经理、驻局董事签
名盖印，过户注册"，"原股票让渡过户，每张收取手续费
银二角"③。中华书局的股票作为文化股，在民国时期受到
投资者的欢迎，即使是在抗战期间，证券市场的投资者也
乐于选择中华的股票。这从 1942 年商务印书馆、中华书
局、世界书局三家的股票交易价格走势可以窥见一斑（见

---

① 钱炳寰编：《中华书局大事纪要（1912—1954）》，中华书局 2002
　年版，第 148 页。
② 汪家熔辑注：《中国出版史料（近代部分·补卷上册）》，湖北教育
　出版社 2011 年版，第 109 页。
③ 汪家熔辑注：《中国出版史料（近代部分·补卷上册）》，湖北教育
　出版社 2011 年版，第 109 页。

表 2-3）。

表 2-3　1942 年商务、中华、世界三大书局股票交易价格走势表

（单位：元）[1]

月份 企业	1—5 月	6—8 月	9—10 月
商务	110.00 ~ 310.00	200.00 ~ 330.00	260.00 ~ 375.00
中华	52.50 ~ 190.00	120.00 ~ 215.00	150.50 ~ 284.00
世界	45.00 ~ 140.00	75.00 ~ 150.00	52.00 ~ 92.00

　　从上表可知，1942 年对文化股来说是股价"狂飙"的丰收年，中华书局的股票交易价格在三大书局中涨幅最大，9—10 月中华股票的涨幅高达 90%，高于同期商务印书馆的 45% 和世界书局的 80%，是名副其实的"绩优股"。值得注意的是，当时时局不靖，投资者仍然愿意高价买进中华书局的股票，究其原因，"文化股自有其价值。日后局势平靖，民生安定，出版业必可立趋兴盛，持股人既不患无优稳之利益，此其一。华股上涨日盛，依比例而言，文化股的涨度实为最少，因之续涨的可能性仍甚大，此其二。投资应以稳妥有利为大前提，文化股各厂均根基深厚，实符合此项原则，若不贪图近利唯求远益，则投资于文化股，而放长其眼光，确为购买股票上策之一。此其三"[2]。可见当时投资者对中华书局等文化股充满了信

---

①江川：《文化股的透视》，《华股研究周报》1942 年第 3 期。
②江川：《文化股的透视》，《华股研究周报》1942 年第 3 期。

心,投资者在证券市场买进中华书局的股票,实现了股票所有权的转移,并且由于投资者的信任和热情,中华书局获得了股票的溢价收入,壮大了书局的实力。

二、法人产权运作方面

"法人产权运行的市场化表现为资产产权的转移和让渡,以产权转让市场为中介来进行。"[1]中华书局法人产权的运作主要表现为企业并购、租赁、参股等。

(一)企业并购

企业并购就是指企业与企业之间的兼并与收购的产权交易行为。"企业作为一个资本组织必然谋求资本的最大增值,企业并购作为一项重要的资本经营活动,它产生的动力主要源于追求资本最大的增值的动机,以及竞争压力。"[2]中华书局成立初期,业务发展突飞猛进,营业额和利润呈"跳跃式"增长,从 1912 年至 1915 年,年营业额从 22 万元猛增至 165 万元,年利润也从 4.4 万元激增至 25.8 万元[3]。在成立五周年之际,陆费逵对未来的展望气势颇为豪迈:

---

① 邓荣霖主编:《现代企业制度概论》,中国人民大学出版社 1995年版,第 119 页。
② 牛国良:《企业制度与公司治理》,清华大学出版社、北京交通大学出版社 2008 年版,第 207 页。
③ 俞筱尧、刘彦捷编:《陆费逵与中华书局》,中华书局 2002 年版,第 229 页。

印刷：（一）添购新式器械，增广印刷之实力；（二）延聘高等技师，输灌欧美之技术；（三）派人出洋留学，养成完备之人才，将来印刷日有进步，凡最精之商标证券等件均可自印，不欲利权外溢，则所以助文化之进步者非浅鲜也。

编辑：（一）改良普通教科书及学校用品，以助教育之普及；（二）注意高等教科书及字典辞典等，以求学术之进步；（三）多编通俗讲演书及有益小说以端社会之习尚。其余如精印古书以发挥国粹，广译西书以输入新学，自制仪器标本以供科学之研究，皆在计划中，期二三年内一一实施者也。[1]

正是在这样一种近乎"急进"的方针指导下，中华书局在成立的头几年到处"攻城略地"，企业规模呈"滚雪球"式增长。1915年是中华书局并购的高峰年，这一年先后并购了共和编辑局、文明书局、民立图书公司、右文印刷所、彩文印刷局、中新印书局等企业。这既有横向的并购，如并购各书局；也有纵向的并购，如并购各印刷企业。在中华书局所并购的企业中，文明书局尤其值得一提。1902年，文明书局由无锡名流俞复、廉泉、丁宝书等创办于上海。文明书局以出版教科书闻名，在中华书局成立以前，文明书局是商务印书馆在教科书市场领域最

---

[1]《申报》1916年10月10日第22版。

有力的竞争对手。其成立之初推出的《蒙学读本》被视为我国自有教科书以来最为完备者，出版后深受各学堂欢迎，三年内重印十多次，甚至出现翻印盗版。文明书局的印刷实力也十分雄厚，其在印刷技术方面影响较大者有三：首办彩色石印；自创照相铜版；自创珂罗版[1]。文明书局和中华书局的渊源也颇为深厚，中华书局的创始人陆费逵于1906—1908年在文明书局工作，并编辑了《新编国文教科书》《新编算术教科书》《新编修身教科书》，和其他文明版初小教科书统称为"文明教科书"，在教育界享有盛誉[2]。

中华书局并购的都是和自身经营领域相关度较高的企业，其中既有规模较小的企业，也有老字号的企业。总体来看，并购对中华书局来说具有以下方面的意义。

第一，实现规模效益。并购可以为企业带来进一步发展壮大所需的资产和产权，在企业的生产层面和管理层面实现规模效益。生产层面的规模效益表现为：中华书局通过横向并购相关企业，从而对自身的图书生产进行补充和调整，丰富了图书产品种类和数量，提高了产品质量；中华书局通过纵向并购印刷企业，将上游和下游生产环节有效联结起来，降低了交易成本，企业生产力得到了优化。管理层面的规模效益表现为：并购以后，企业的

---

[1] 周利荣：《文明书局考》，《出版史料》2007年第2期。
[2] 俞筱尧、刘彦捷编：《陆费逵与中华书局》，中华书局2002年版，第304页。

管理成本可以在更大范围内分摊,单位产品的管理费用会大大降低,一定程度上节省了管理费用;此外,中华书局还能够将人力、物力和财力集中起来进行重点项目的开发。

第二,实现经验共享和互补效应。"并购可以取得经验曲线效应。经验的积累可以大幅度提高工人的劳动熟练程度,使经验—成本曲线效果显著,从而具有成本竞争优势。企业通过并购,不仅获得了原有企业的资产,还可以分享原有企业的经验,形成有力的竞争优势。另外,企业通过并购还可以在技术、市场、产品、管理,甚至在企业文化方面取长补短,实现互补效应。"[①] 中华书局并购的企业中,不乏在管理上"有善可陈"者,文明书局和民立图书公司就是其中的代表。文明书局前文已有论及,曾经是商务教科书领域的第一位劲敌,民立图书公司的母体——由张謇、曾铸、李平书、席子佩等人于1906年创办的中国图书公司,也是商务印书馆在教科书领域的劲敌,"民初,商务暗地派人收买股票,1913年终为商务所占,改号'中国和记图书公司',迁发行所于福州路,1918年为商务所并。印刷厂曾一度改组为民立图书公司,后归并中华"[②]。中华书局吸收了这些企业成功的管理经验,

---

① 牛国良:《企业制度与公司治理》,清华大学出版社、北京交通大学出版社2008年版,第208页。

② 张静庐辑注:《中国出版史料(补编)》,中华书局1957年版,第283页。

同时利用其先进的印刷技术,增强了中华书局印刷所的实力。

在中华书局并购的企业中,聚珍仿宋印书局尤其值得一提。1916 年,丁辅之(1879— 1949)、丁善之(1880— 1917)兄弟在上海发起成立聚珍仿宋印书局。该书局最突出的竞争优势在于其"聚珍仿宋"印刷活字字体。其系丁氏兄弟参考北宋古刻善本,仿写创制而成,字体横竖粗细相等,笔画秀丽,美观大方,一问世就获得当时出版界、印刷界的欢迎。由于经营不善,聚珍仿宋印书局于1921 年盘予中华书局。

此后,"中华书局的古今书籍,大部分均用仿宋字排印"[1]。在 20 世纪二三十年代的古籍出版热潮中,中华书局凭借"聚珍仿宋体"的技术优势出尽了风头,聚珍仿宋版《四部备要》成了中华书局历史上耀眼的文化地标,同时也为书局带来了丰厚的经济收益。

但是并购也要有计划,要从自身的实力出发,不能盲目扩张,并购企业速度过快、数量过多,会在一定程度上加重企业的负担,可能导致"膨胀即恐慌"现象的出现。

（二）企业租赁

"企业租赁是指一个公司出租其全部或部分资产,以租赁契约方式控制另一公司。承租公司按契约按期支付

---

[1]中华书局编辑部编:《回忆中华书局》(上编),中华书局 2001 年版,第 210 页。

定额租金,并保持其独立地位。"[1] 中华书局在近代经营历程中,曾经有一次困窘的经历,那就是"民六危机"中被承租。

1917 年,由于业内出现了"中华书局即将倒闭"的谣言,书局的债权人等纷纷到书局提取现金,造成中华书局现金断流,资金上无法周转,书局一度濒临倒闭的绝境,这就是中华书局经营史上的"民六危机"。这场危机发生时,中华书局正当兴盛的时期,陆费逵谓之为"在最盛之时代,演出绝大之恐慌"。危机发生后,书局同人想尽方法来帮助书局脱困。在 1917 年 6 月 16 日召开的第七次股东常会上,推举唐绍仪为会议临时主席,各位股东共同商讨解救办法,股东康心如提出了出租办法。他的理由是公司到了濒临破产的绝境,如果一旦破产,之前的所有努力就白费了,为了保全一百六十万元资本和"中华书局"的招牌,并维持一百二十万元的债权信用,现在只有将公司的各种财产出租给他人接办,议定期限、租金,公司即可以所得租金,按年分期还债,出租期满后亦可收回自办[2]。康心如的此项提议被股东常会讨论通过,接下来就是要找到愿意承租的企业。中华想到的第一家企业是商务印书馆,并派人进行洽谈,商务当时的主持者张元济

①邓荣霖主编:《现代企业制度概论》,中国人民大学出版社 1995 年版,第 127 页。

②钱炳寰编:《中华书局大事纪要(1912—1954)》,中华书局 2002 年版,第 32 页。

曾在日记里记下此事，"闻中华承租将成，股本已得廿万，有唐少川、周扶九、史良（量）才、王仰先、蒋孟屏、冯华甫、贝润生均在内"，"唐驼来访翰翁二次，有要我处承租意。翰翁婉谢之"①。

由于商务印书馆董事意见不一致，承租事项未成，中华书局只得再做谋划。股东们经过商讨，决定由本公司股东来组织承租事宜，于是请中华的大股东徐静仁出面维持，徐静仁在上海办有溥益纱厂，资本实力雄厚，由徐出面易于取得股东和债权人的信任。6月25日，中华书局董事会决议本局的全部财产由徐静仁、吴蕴斋、史量才等组织的新华公司承租经营。中华书局与新华公司达成的协议是，"押租六万元，月租平均约一万四千元，先收定洋一万五千元交董事会，由清查代表核付最要款项。书局虽经出租，各部门负责者仍为原有人员，惟对一切开支款项有严格限制，均须经查账代表审核才能支付"②。但是双方的租赁关系维持了不到半年，在1917年11月，中华就以承租人欠付租金解除了与新华公司的契约，新华公司亦在《申报》上发布启事：

> 鄙人等承租中华书局，现已于十一月十五日仍旧交还所有七月一日起至十一月十五日止，凡新公

---

①张元济：《张元济日记》，商务印书馆1981年版，第239—241页。
②钱炳寰编：《中华书局大事纪要（1912—1954）》，中华书局2002年版，第33页。

司往来帐款,请向泥城桥静安寺路十一号三层楼上事务所接洽,自后中华书局款项往来与本公司无涉,特此声明。[1]

自此,中华书局赎回了"卖身契",重获经营权。但是中华书局此次出租并没有表面上看起来那样简单,其实还包含着股东们的良苦用心,"实际上出租与承租是玩了一个花样,用股东会的话说,仅是为了应付债权人的措施,也可见'民六危机'中中华书局的窘境与苦心"[2]。

(三)参股

参股是企业将部分资本作为股本向另一家企业入股的产权资本运作行为。中华书局参股的对象主要有三类:合办分局、相邻经营领域公司、其他公司。

1. 参股合办分局

"民国时期的书业,没有总经销或总发行的批发企业,出版者只能四处奔走委托一个个零售书店代销,对外地的零售书店供货后,常常收不回货款,造成坏账。因此,资金较为雄厚的出版发行企业要到各大城市开设自己的分支机构。"[3] 中华书局十分注重通过开设分局来拓

---

① 《申报》1917 年 11 月 16 日第 2 版。
② 王建辉:《教育与出版——陆费逵研究》,中华书局 2012 年版,第25 页。
③ 郑士德:《中国图书发行史》,中国时代经济出版社 2009 年版,第434 页。

展发行渠道,在其成立的第一年,就在北京、天津、奉天、南昌、汉口、广州、杭州、南京、温州等处设立分局[1]。

后来随着业务的发展,全国许多的大中城市都设有中华书局的分局,最多时达 50 余处,大多数时期为 40 余处。这些分局大部分是由中华书局投资自办的,但也有少数并非书局自办,而是由书局授权开办,开办方式为"外地书店在预先向出版者交纳部分保证金后,便有权挂起'某某书局某地特约经销处',甚至是'某某书局某地分店'的招牌,享受着某一特定区域内该社所有图书的营业独占;出版者在给予特约经销店上述特权的同时,也对其每年的本版图书销售额,有着数量上的硬性要求与规定"[2]。这些"挂牌"分局大多是在书局经营初期出现的,后来随着书局实力日渐雄厚,便将这些分局陆续收回自办,但是也有极个别分局采取的是合办方式。1924 年 1 月开办的青岛分局就是采用合资形式,书局投入的股本占 80%;同年 9 月,徐州分局由特约改为合办,资本四千元,中华股本占 50%。

2. 参股相邻经营领域企业

中华书局是出版企业,主营业务是图书的编辑出版。除此之外,在 20 世纪二三十年代,中华书局还与个人合资开办文具厂以分散经营风险,获取更大投资利润。中

---

[1]《申报》1912 年 12 月 29 日第 4 版。
[2] 吴永贵:《民国出版史》,福建人民出版社 2011 年版,第 333 页。

华书局参股的公司,以中华教育用具制造厂较有代表性。该厂1929年1月创办于上海昆明路,由中华书局与胡庭梅等人合资,为股份两合公司。资本总额为国币十万元,中华股本占70%,为有限责任股东;胡庭梅投资两万六千元,胡振富、陈永福各二千元,合占30%,此三人均为无限责任股东[①]。

3. 参股其他公司

民国时期,书业市场较为狭小,为了转移书业风险,中华书局还曾参股与出版业务无涉的企业。中华制药公司就是一例。1915年,中华书局与中法药房组建中华制药公司,还在《申报》上刊登营销广告:

> 仁丹专治流行百病,效应如神。全用中华国产之药料兼采泰西最新之制法,物美价廉,销行极广,各省函电订购,制造不及恒无以应命,抱歉之至。今特组织中华制药公司,以二十万元为制造仁丹厂资本,厂设在沪宁火车站北首三层楼大洋房,日夜加工以期出品日多,籍副"欢迎国货,挽回利权"之至意。[②]

可惜当时日货"翘胡子"仁丹行销我国城乡,中华制药公司的龙虎牌仁丹与其竞争了数年,终于还是败北。

---

① 钱炳寰编:《中华书局大事纪要(1912—1954)》,中华书局2002年版,第94页。
② 《申报》1915年8月30日第1版。

到 1920 年,中华书局投资在中华制药公司的六万元股本几乎全部蚀光[1],不得已之下,中华书局将其回盘给黄楚九的中法药房。

1924 年,中华书局投资两千元与民间商人合开大华风琴厂,中华书局拥有 50% 的股权。风琴厂采用德国技术及部分配件,生产的"彩凤"牌风琴深受消费者喜爱,并在 1927 年获准注册商标。1944 年,中华书局撤回股份,并收回彩凤牌商标[2]。

1925 年,与陆咏笙合办民立文具厂,资本一万元,中华书局占 70%,订立合同五年,仿制不碎石板、纸石版、药水糨糊等。

第三节　企业融资双渠道:股权与债权

企业融资就是指企业通过各种途径筹措企业生存和发展所必需的资金。依据不同的标准,企业融资可以有不同的分类方法。按照资金融入企业后是否需要归还的标准来划分,企业融资方式可以分为股权融资和债权融资,"所谓股权融资是指企业所融入的资金可供企业长期

①谈玉林、钟信仁:《上海中华药房简史》,中国人民政治协商会议上海市委员会文史资料工作委员会编:《上海文史资料选辑(第五十五辑)》,上海人民出版社 1986 年版,第 255 页。
②钱炳寰编:《中华书局大事纪要(1912—1954)》,中华书局 2002 年版,第 94 页。

拥有、自主调配使用、无需归还，如企业发行股票所筹得的资金。所谓债权融资是指企业所融入的资金是企业按约定代价和用途取得的，必须按期偿还，如企业通过银行贷款所取得的资金"[①]。

有学者认为，通过招股筹措资金，是民国时期出版企业最为主要的一种融资方式，除此之外，还广泛采用如下几种手段：吸收民间存款；吸收官方资本；动员作者稿酬入股；借用读者钱造货；建立读书储蓄会或读者俱乐部之类的组织吸纳资金；经营利润转化为资本；开源的同时注意节流[②]。中华书局的融资方式大体上也是如此，包括增股筹集股本、留存收益转化为新增投资、吸收个人和金融机构资金、组织银团垫本造货、借读者钱运营大型项目等，这些融资方式既有股权融资，也有债权融资。

一、稳健的股权融资

通过股权融资得到的资金能够为企业长期使用，这对于保证企业的稳定发展是十分有利的。中华书局的股权融资包括增股筹集股本、留存收益转化为新增投资。

（一）增股筹集股本

1912—1937 年，书局曾经进行四次增资，资本总额由 25000 元（银元，下同）累计增至 4000000 元，每一次增

①肖翔、刘天善编著：《企业融资学》，清华大学出版社 2007 年版，第 6 页。
②吴永贵：《民国出版史》，福建人民出版社 2011 年版，第 400—404 页。

资都由股东会决议通过（见表2-4）。

表2-4　中华书局历次增资情况 [1]

年份	股东会届次	增资后资本总额（元）
1913.4	第三届股东会议	1,000,000
1916.6	第六届股东会议	1,600,000
1925.12	第十五届股东会议	2,000,000
1936.12	临时股东会议	4,000,000

中华书局1912年元旦成立时为陆费逵、戴克敦、陈寅三人合资公司；2月，沈颐和沈继芳加入，改为五人合资公司；6月以后，改为股份无限公司。公司股本初为二万五千元，10月份以后增至七万五千元。中华书局的发展速度远远超出了人们的想象，书局草创之时，资本不过三万，员工只十数人，第一日营业仅有五元，第二日为一百余元，第三日开始批发，营业额增至五六百元。此后，中华书局开始进入"快车道"，"各省函电纷驰，门前顾客坐索，供不应求，左支右绌，应付之难，机会之失，殆非语言所能形容，营业之基础立于是；然大势所迫，不容以小规模自画矣" [2]。公司业务量激增，急需增加资本以扩充公司规模，于是1913年第三次股东会议上决议将中

---

[1] 1942年上海"孤岛"沦陷，租界中的中华书局沪局曾增资四百万元，资本总额达到八百万元。但是重庆总局认为此次增资无效，不予承认。

[2] 陆费逵：《中华书局二十年之回顾》，《中华书局图书月刊》1931年第1期。

华书局改组为股份有限公司，收取股本一百万元，先收五十万，后于1914、1915年分别续收二十五万元。

（二）留存收益转化为新增投资

"留存利润可以在不改变股权结构和比例的情况下实现融资目的，因而是一个对自己的控股权完全没有威胁的股权融资方式"[1]，留存利润主要包括提取公积金和未分配利润。

对于利润"多留少分"在民国出版界并不特别，民国时期所有后来做大做强的出版企业，几乎全是沿着这条资本之路走过来的[2]，中华书局也不例外。中华书局最初的几年是"留少分多"，1914年每股的股息红利为二分[3]，当年制定的公司章程规定每股官利（股息）八厘，那么每股红利就高达一分二；1915年每股的股息红利也是二分[4]。但是，当书局的发展进入稳定期后，书局在"分红"与"留存利润"之间会倾向于后者，陆费逵曾对此有明确表述，"股东在近十七年中，或无利，或得利一二，最多一年只四厘"[5]。有些年份，由于遇到战争、自然灾害等不可

---

① 肖翔、刘天善编著：《企业融资学》，清华大学出版社2007年版，第5页。

② 吴永贵：《民国出版史》，福建人民出版社2011年版，第400—404页。

③《申报》1915年7月21日第1版。

④《申报》1916年7月31日第1版。

⑤ 陆费逵：《六十年来中国之出版业与印刷业》，《申报月刊》1932年第1期。

抗拒的因素,书局没有利润或是利润很小,这时就会暂缓发放股东本年度的股息和红利,如在 1924 年,由于江浙发生战事,沪宁一带颇不安宁,为公司前途计,1924 年的股息和红利暂缓发放。这些被压低或暂缓发放的股东的股息红利,就成了公司的未分配利润。到 1930 年,历年未分配利润累积已达 35560.217 元,大致相当于当年派剩股息和红利之和[①]。

中华书局每年还从利润中提取一定比例的法定公积金,酌情提取特别公积金和公益金:提取法定公积金的比例依据具体时期的公司法规定而有所不同,如 1914—1929 年,公司每年提取二十分之一的利润为法定公积金,1929 年以后,这一比例提升至十分之一;至于特别公积金,则根据本年度公司的盈利情况酌情提取[②];公益金的提取并非常态,公司法也不作强制性要求,提取方式和比例由公司董事会决定,1936 年中华书局董事会通过议案,规定印刷大宗特别营业在十万元以上者,提 1%—2%,以一部分作公益金,一部分奖励相关人员[③]。

民国时期整体环境是动荡不安的,企业在动荡的环

---

①《会计杂志》记者:《上海四大书局之决算报告》,《会计杂志》1933年第 1 期。

②汪家熔辑注:《中国出版史料(近代部分·补卷上册)》,湖北教育出版社 2011 年版,第 111 页。

③钱炳寰编:《中华书局大事纪要(1912—1954)》,中华书局 2002年版,第 140 页。

境下为了求得永续发展,唯有先壮大自身之实力,才能在高度不确定的环境中生存下来。陆费逵明白这个道理,大多数股东也能理解,所以中华书局才会在民国时期竞争激烈的书业市场环境中发展壮大,成为与商务印书馆比肩的出版重镇。

值得注意的是,中华书局在股权融资时对官方资本或是政界要员介入较为谨慎,据中华书局汉口分局经理徐秀成后来回忆:"当中华书局濒临绝境时,孔祥熙、宋子文乘机以投资相利诱,企图夺取中华作为其政治资本。但因中华旧有股东深恐孔、宋喧宾夺主,就设计一边利用,一边限制,仅借大宗款项,而孔的投资仅占百分之一。"① 徐氏的话在另一事情中得到了验证。1936年,在中华书局的鼎盛时期,财政部长孔祥熙指令中华书局与中央、中国、交通三银行合组钞票公司,董事会经过讨论后认为,"官商合办危险太大,将来欲拒之而不可得;内地设厂,原料、运输、人才种种不便,而政治上一有问题,危险更大。如在上海设厂,则本公司已订有机器设备,可以供应,不必另起炉灶"②,于是回绝了财政部的指令。

①寿充一编:《孔祥熙其人其事》,中国文史出版社1987年版,第184页。
②钱炳寰编:《中华书局大事纪要(1912—1954)》,中华书局2002年版,第140、152—153页。

二、灵活的债权融资

企业只靠股权来融资,尚不能完全满足企业的生产和扩大再生产的资金需求,因此,债权融资成为股权融资外的一个重要选择。中华书局债权融资的行为有:吸收个人和金融机构资金、组织银团垫本造货等。

(一)吸收个人和金融机构资金

1912 年,中华书局以微小资金起步,为了能迅速打开局面,向全国市场进发,书局向个人和银行、钱庄等金融机构借入了大量资金。到 1917 年前后,"中华书局原有资本仅 100 余万元,吸收存款达 120 万元,平时运行资金全凭吸收的存款和行庄押款维持"①。公司自有资金不足,经营所需的流动资金主要是靠借贷而来,这种财务状况是极其不稳健的,一旦市场上有风吹草动,公司财务将会面临极大的风险,这在 1917 年的"民六危机"中得到了验证。"民六危机"中,因为出现了中华书局将倒闭的谣传,存户如潮水般涌来挤兑,瞬间让书局现金"断流"。1918 年,中华的债权人计银行十四户,抵押借款十三户,存款四百余户②。"民六危机"后,中华背上了沉重的债务,直至 1930 年才清偿全部债务。

抗战时期,交通阻滞,图书市场低迷,为了渡过难关,

①俞筱尧、刘彦捷编:《陆费逵与中华书局》,中华书局 2002 年版,第 236 页。
②俞筱尧、刘彦捷编:《陆费逵与中华书局》,中华书局 2002 年版,第 42 页。

中华书局向当时几家大型金融机构融资。1946年，李叔明在董事会上报告公司现状时说："1942年3月向四行透支五百万元，1943年向四行押借一千七百万元，1945年向中央信托局押借五千四百万元，又向中央银行借款一亿三千八百万元。"[①]

此外，中华书局还于1920年开设中华储蓄寿险团，参加人员限于总局及自办分支局同人，目的在于便利同人储蓄，共谋福利。到1931年，中华储蓄寿险团资金已达133831.107元，当年书局的利润是183115.839元[②]，以当年利润为参照，则寿险团的资金已然相当可观。这些资金既可以作为公司的生产资金，同时在增进公司同人福利、稳定人心方面也起了积极作用。

（二）组织银团垫本造货

中华书局组织银团垫本造货催生于"民六危机"。危机过后半年多，局势稍缓，债务问题依然困扰着中华书局，信用一时难以恢复，现金急缺，日常生产因为缺少周转资金而陷入停顿。在如此困窘的情况下，书局的部分大股东出面组织专职的银团，为书局垫本造货，提供日常生产经营所需的资金。这个银团称为维华银团，出资者包括吴镜渊、殷侣樵、徐可亭、俞复、孔祥熙、汪幼安、陆费

---

① 俞筱尧、刘彦捷编：《陆费逵与中华书局》，中华书局2002年版，第211页。
② 《会计杂志》记者：《上海四大书局之决算报告》，《会计杂志》1933年第1期。

遽、陈寅、黄毅之、戴克敦等。维华银团的资本为 12 万元，垫款的月息为 1 分 5 厘，每月结付一次，并加付 2 厘为维持银团日常办公。中华和银团订立了 3 年的合同期，1921年合同期满，未再续约，而是另组和济公司以代之。

和济公司成立于 1921 年 6 月，资本 12 万元，出资者包括吕子泉、沈俊范、高欣木、陆费仲忻、戴劼哉、陆费遽、沈问梅、殷侣樵、王均卿等。中华与和济公司签订了 3 年的合同，期满后连续续约两次，月息初为 1 分 5 厘，第二次续约时改为 1 分 3 厘。

在 1920 年，中华书局还组织过公益公司垫本造货，订立三年期合同，期满后连续续约两次，月息为 1 分 3 厘。

"这个垫本造货的办法，在 1918—1930 年的十多年间，行之十分有效，解决了生产所需的流动资金，保证了重点书籍的出版。"[1] 当时各银团的组织者大多是公司的股东，故而他们集股权和债权于一身，因此对银团资金的使用制定了严格周密的规定，做到专款专用，从而使垫款充分发挥了预期的作用，中华书局也得以在危机之后迅速恢复元气，而后迎来了高速发展期。

企业制度的核心是企业产权制度，现代企业产权制度的特征是出资者所有权和法人产权、经营权的分离。中华书局的企业产权制度实现了所有权和经营权的分离，企业

---

[1] 俞筱尧、刘彦捷编：《陆费遽与中华书局》，中华书局 2002 年版，第 311 页。

法人产权取得了独立的地位，规范了股东会、董事会、总经理和监事各自的责权利，制定了周详的公司章程，并且严格遵守。企业有其特定的"生态环境"，从企业法的角度来考察，民国时期的政府部门制定了比较完善的公司法，这些法律在今天看来仍然具有相当的借鉴意义，如其对公司的定义和分类，对股东会、董事会、总经理和监察责权利的相关规定，在今天看来其"现代性"和"科学性"意味浓厚。中华书局企业制度的选择离不开其所处时代公司法的约束，因此，中华书局的企业制度相对科学、规范。

之所以是相对的，是因为考查民国时期的历史事件和人物不能不讲求历史唯物主义，要做到"以史观史"，因此，以现代的眼光来衡量民国时期中华书局的企业产权制度，自能发现其不"科学"、不"规范"之处。比如，前期股息的发放"官定"，而不是根据企业的盈利情况来划定，股东兼有"债权人"的色彩，一定程度上阻碍了企业的长远发展，但是20世纪20年代以后，这种情况有所改观。此外，在企业融资上，以现代眼光来看，也多有不规范之处，吸收个人和金融机构存款就是其表现之一。

我们考察历史时不能苛求历史，从历史中总结出有价值的经验教训才是应该关注的层面，中华书局的企业产权制度是基于"人"——陆费逵及其同人的远见和努力，以及当时的企业法保障而形成的，其清晰的产权归属和产权行为主体责权利的划分，对今天的出版业仍然具有一定的现实意义。

第三章　中华书局的组织制度

公司组织制度是"公司在所有权与经营权相分离条件下,调整和平衡公司各相关权利人关系并对公司运营进行监督的制度安排,使之能够在公司所有者和经营者之间形成各自独立、权责分明、相互制衡的关系,促使公司经营者为实现公司整体利益和股东利益而勤勉工作,从而为公司始终保持较高的效率和长期稳定发展提供保证"[①]。简而言之,公司组织制度是围绕公司法人治理结构所进行的组织机构和组织结构的制度安排,公司组织机构是指从事公司经营活动的决策、执行和监督的公司的最高领导机构,包括股东会、董事会、经理班子及监事会。"公司组织结构就是公司各构成部分以及它们之间的相互关系。其目的在于建立正式的职位体系,为人们进行工作创造良好的条件,使组织中的各类人员能够协调一致地实现公司的组织目标。"[②]

---

①胡加荣、李慧:《公司组织制度比较研究》,《中国工商管理研究》2007年第5期。
②邓荣霖主编:《现代企业制度概论》,中国人民大学出版社1995年版,第136页。

组织制度既是一种约束机制,也是一种激励机制,平衡创造性和约束性是贯穿组织制度的"生命线",组织生命力旺盛与否,很大程度上取决于组织制度对创造性和约束性的平衡实效。

第一节　科学合理的法人治理结构

公司法人治理结构是指"在三权分开、相互制衡的原则下所作出的公司机构设置及其相互运行方式的制度安排"[1],它是公司产权制度的具体体现,体现出产权的分解和制衡。公司法人治理结构下的公司机构包括从事公司经营活动的决策、执行和监督的公司最高领导机构,股东会是公司的最高决策机构,董事会及经理班子是业务执行机构,监察是监督机构。分权表现为不同的治理机构有不同的权力指向和权力使用频率;制衡表现为有专门的监督机构来监督董事会和经理班子,代行股东的监督权,维护公司所有者的利益。法人治理结构的特征表现为:权责分明,各司其职;委托—代理,纵向授权;激励与制衡机制并存。

从本质上看,法人治理结构是企业所有者和代理者之间的关系安排,这种关系是一种"委托—代理"关系,在这种关系中,投资者(股东)是委托人,董事、经理和监

---

[1]牛国良编著:《现代企业制度》,北京大学出版社2002年版,第89页。

事都是基于投资者的委托并在公司实际运作中代表投资者执行决策、经营和监督操作的代理人。在股份公司中存在着双重委托代理关系：第一层是股东会与董事会之间的委托代理关系，在组织结构上表现为股东会与董事会之间的关系；第二层是董事会与经理之间的委托代理关系，在组织结构上表现为董事会与经理班子之间的关系。

中华书局的法人治理结构是股东会、董事会、经理和监察之间分权与制衡关系的制度安排。1913年中华书局改组为股份有限公司，在组织机构设置上采取立法、执行、监察三权分立的形式：董事局（1916年以后改称董事会）为立法机关，议决立法及重大事项，选举董事11人，设正、副主席各一名，并推选董事三人，驻局办事；局长为行政机关，带领全局职员，执行局务；监察为监督稽查机关，对董事和局长的行为进行监督。

1914年第五届股东会议决，董事局取消正、副主席职，改设常务董事3名。

1917年"民六危机"发生后，陆费逵的局长职务被取消，改任司理，以司理名义处理局务，一切事宜须同驻局董事商办。

1919年12月的股东常会上重订公司章程，董事人数由11人变为9人（1932年复为11人），废除局长制[1]，改

①有学者认为，中华书局之所以要废除局长制，是觉得这样称呼过于官气，于是按照同业的惯例，改称总经理、经理等。参见张泽贤：《民国出版标记大观》，上海远东出版社2008年版，第632页。

设总经理一名，由董事会选任。

1948年，董事会始设董事长一职，孔祥熙为第一任董事长。

一、最高权力机构——股东会

股东大会是依照公司法和公司章程规定，由全体股东组成的，决定公司重大问题的最高权力机构，是股东表达其意志、利益和要求的主要场所和工具。民国时期公司法中对应的称呼是股东会，虽然名称略有差异，但是实质意义是一样的。对于股东会的会议形式、召开时间、职能等，民国时期的三部公司法中均有明确规定：

北京政府《公司条例》（1914）：

第一百四十一条：股东会每年至少一次，依公司每届结账后一定之时期召集之。

第一百四十二条：股东会除定期召集外，如有关于公司利害，必要时亦可临时召集。

第一百四十三条：股东会之决议，除本条例或公司章程有特别订明其他人员可以召集外，概由董事召集。

第一百四十四条：股东会之议决，除本条例或公司章程有特别订明外，以到场各股东议决权过半数行之。

第一百四十五条：公司各股东每一股有一议决权，但一股东而有十一股以上者，其议决权之行使得以章程限制之;股东如其出具嘱托书托人到场代理议决者,其书应呈明公司留存为证;股东于会议事项有特别之利害关系者,于其事项之议决,不得加入决议之数,并不得为他人代理而行使议决权。

第一百四十七条:公司召集股东会应于一个月前通知各股东。

第一百四十八条:股东会所有议决各事项,应清缮决议录,由议长签押。决议录,应列会议日时、议长之姓名及决议之方法并附存股东到会名簿。

第一百四十九条:定期会查核每届公司董事所具簿册、监察人之报告,并决议分派盈余及利息。

南京国民政府《公司法》(1929):

第一百二十七条:股东会分左列两种。一、股东常会,每年至少召开一次;二、股东临时会,遇必要时召集之。

第一百二十八条:股东会由董事召集之。

第一百三十条:股东得委托代理人出席股东会,但应出具委托书。

第一百三十五条:股东会之决议事项应作成决议录,由主席签名盖章,决议录并应记明会议之时日及场所、主席之姓名及决议之方法,决议录应与出席股东之名簿一并保存。

第一百三十六条:股东会得查核董事造具之表册、监察人之报告,并决议分派盈余及股息。

南京国民政府《公司法》（1946）：

第一百七十一条：股东会分左列二种。一、股东常会每年至少召集一次；股东临时会必要时召集之。

第一百七十二条：股东会由董事召集之。

第一百七十三条：股东会之决议，除本法另有规定外，应有代表股份总数过半数之股东出席，以出席股东表决权过半数之同意行之。

第一百七十六条：政府或法人为股东时，其代表人不限于一人，但其表决权之行使仍以其所持有之股份综合计算。

第一百八十二条：股东得查核董事造具之表册、监察人之报告，并决议分派盈余及股利。

在遵守公司法的前提下，中华书局公司章程中对股东会也有明确的规定：

《中华书局股份有限公司章程》（1919年修订）[1]：

第十二条：本公司每年召开股东会一次，由董事会召集之。除通信知照外，并登广告于上海之著名日报三种。

第十三条：遇有必要时，得依公司条例由董事、

---

[1]贾元苏：《中华书局股东会、董事会档案简介（1912—1958）》，中华书局编：《中华书局与中国近现代文化国际学术研讨会论文集（内部资料）》，2012年，第18页。

监察人或股东依法召集临时股东会。

第十四条：股东常会及临时会之报告议决事项及手续，均依公司条例或本章程之规定。

第十五条：股东如因事不能出席股东会者，得委托其他股东代表。无论自己股份或代表他人，均每一股有一议决权。

第十六条：股东会之决议案，应由议长签字，印送各股东。

将公司法和中华书局的公司章程进行对比会发现，中华书局严格遵照公司法来规定股东会的形式及权能，确保股东会作为公司最高权力机构的地位。抗战之前，中华书局的股东常会每年举行一次，抗战发生后，由于人力不能抗拒的因素，股东会就不能按期举行。民国时期中华书局历届股东会的情况，如表3-1所示。

表3-1　民国时期中华书局历届股东会议 ①

年份	日期	届次
1912	3.24	第一次股东会议
1912	10.1	第二次股东会议
1913	4.20	第三次股东会议

①贾元苏：《中华书局股东会、董事会档案简介（1912—1958）》，中华书局编：《中华书局与中国近现代文化国际学术研讨会论文集（内部资料）》，2012年，第5页。

续表

年份	日期	届次
1913	10.1	第四次股东会议
1914	12.20	第五次股东会议
1916	6.8	第六次股东常会
1917	6.16	第七次股东常会
1918	12.20	第八次股东常会
1919	12.14	第九次股东常会
1920	12.4	第十次股东常会
1921	12.3	第十一次股东常会
1922	12.9	第十二次股东常会
1923	12.15	第十三次股东常会
1924	12.13	第十四次股东常会
1925	12.19	第十五次股东常会
1926	12.18	第十六次股东常会
1927	12.17	第十七次股东常会
1928	12.22	第十八次股东常会
1929	12.14	第十九次股东常会
1930	12.20	第二十次股东常会
1931	12.20	第二十一次股东常会
1932	12.17	第二十二次股东常会
1933	12.17	第二十三次股东常会
1934	12.16	第二十四次股东常会
1935	12.15	第二十五次股东常会
1936	12.5	临时股东会
1937	2.28	第二十六次股东常会
1942	11.27	第二十七次股东常会
1948	3.28	股东常会

从表 3-1 可知,中华书局的股东会在 1937 年以前,基本上是在每年 12 月举行。中华的公司章程里规定要提前通知股东开会的时间,通知的方式包括通信、登报,《申报》就经常成为中华的消息发布平台。通常提前一到两个月通知,如 1917 年股东会,开会时间是 6 月 16 日,中华书局 4 月 11 日就在《申报》上登出告示。在报上登启事的时间跨度较长,通常情况是会前一个月左右刊登启事,持续三四天;会前半个月左右再次刊登,持续三四天。

股东会议的内容主要有三:一是董事会向会议提出过去一年的业务报告,包括编译、印刷、发行等各方面的经营概况,经监察人和会计师审查过的资产负债表、损益计算书、财产目录等;二是股东会决议案,有重要职员的任免、公司章程的修改、重要规章制度的建立和变更、资本的增加以及盈余的分配等;三是选举新一届的董事和监察,记明其当选的股权数,并列有次多数若干人,以备必要时依次递补[①]。从以下一段引文中可以窥见当年中华股东会议的原貌:

> 中华书局股份有限公司于昨日假总商会议事厅开第九次股东常会,到者四百余户,一万七千余权。先由董事俞仲还致开幕词,次公举李平书为议长,次

---

① 俞筱尧、刘彦捷编:《陆费逵与中华书局》,中华书局 2002 年版,第 303 页。

报告营业帐略及盈亏计算表，除开销付息及偿还旧债本外，略有余存，全数并入拆除项下。又公决修改章程计三十条，略有修正通过。选举董事陆费伯鸿、俞仲还、范静生、李平书、吴镜渊、沈问梅、汪幼安、戴懋哉、廉惠卿等九人，监察黄毅之、徐可亭二人。于六时许散会。[1]

抗战爆发以后，中华书局原有的格局被割裂，总局迁到了重庆，上海和香港两地成为两大重心，股东分散在各地，股东会也不能按时举行了。

二、决策和执行业务的常设机构——董事会

"董事是对内管理公司事务、对外代表公司同第三者进行交易活动的法定的必备业务执行机关，是董事会的成员"，"董事会是由股东大会选举的董事组成，它是代表公司行使其法人财产权的会议体机关。董事会是公司法人经营决策和执行业务的常设机构，经股东大会的授权能够对公司的投资方向及其他重要问题做出战略决策，董事会对大会负责"[2]。民国时期历届政府的公司法对公司董事事项均有明确的规定：

---

[1]《申报》1919 年 12 月 15 日第 11 版。
[2] 牛国良编著：《现代企业制度》，北京大学出版社 2002 年版，第 82、84 页。

北京政府《公司条例》(1914):

第一百五十二条:公司董事由股东会就股东中选任之。

第一百五十三条:董事被选就任后,应将章程所定被选合格之股票数交监察人存执。

第一百五十五条:董事任期不得超过三年,但任期满后不妨公举续任。

第一百五十八条:董事得各自代表公司。

南京国民政府《公司法》(1929):

第一百三十八条:公司董事至少五人,由股东会就股东中选任之。

第一百三十九条:董事就任后,应将章程所定当选资格应有之股份之股票交由监察人于公司中保存之。

第一百四十一条:董事任期不得逾三年,但得连选连任。

第一百四十五条:公司得依章程或股东会之决议,特定董事中之一人或数人代表公司。

南京国民政府《公司法》(1946):

第一百四十八条:公司设置董事至少三人,由股东会就股东中选任之,其中须半数以上在国内有住所。

第一百八十六条:董事在任期中将其所有股份全数转让时,当然解任。

第一百八十八条:董事任期不得逾三年,但得连选连任。

第一百九十三条：公司得依章程由董事互推一人为董事长，一人或数人为常务董事，代表公司。董事长及常务董事均须在国内有住所。董事长须有中华民国国籍，公司不设董事长者，其代表公司之董事至少应有一人有中华民国国籍。

《中华书局股份有限公司章程》（1925）对董事有如下规定：

第十七条：本公司董事及监察人均由股东会选举，其被选资格至少须有本公司股份二十股。

第十九条：本公司设董事九人，每年改选一次。但续被选者仍可连任。

从以上材料可知，民国时期公司董事会董事首先必须是公司的股东；股东的股份达到一定量，才有当选董事的资格；董事的任期有一定的时间限制；初期，公司董事各自可以代表公司，1929年以后只有特定的董事才能代表公司。这些原则由国家以法律加以确立。中华书局在公司章程中规定，股东至少要持有公司股份20股以上才有当选的资格，1925年，中华书局股本为银币200万元，分作4万股，20股的当选资格是相当低的门槛；中华书局的董事任期为一年，可以连选连任。

中华书局董事会"为立法机关,凡各种规程及重要事件为执行机关所不能决者,由董事局决之"[1]。董事会每月15日开常会一次,会议记录用十行薄楷书写成,每次出席的董事和列席的监察人等,都要在会议记录上亲自签名。因故不能参加时,往往委托代表参加,如宋耀如曾由其子代为参加,孔祥熙曾委托其友王正廷代为出席,充分体现了董事们执行业务的认真负责精神。

董事会有选任总经理的权力,其他职员则由总经理决定是否录用。但是总店店长、总厂各所所长及分局经理的人事任免,则须经过董事会同意。

遇有特殊情形,董事会可以邀请股东及职员列席会议,但是列席人不得加入表决之数。

三、日常经营管理机构——经理人

董事会并不直接负责企业的日常经营活动,而是委托经理人来进行管理。"经理人是指由公司高级管理人员组成的控制并领导公司日常事务的行政管理机构。经理人是一个集合概念,它不是指单个自然人,而是指一个机构。它由公司的总经理、副总经理、总工程师、总会计师、总经济师等共同组成。这一机构的最高负责人是总

---

[1]钱炳寰编:《中华书局大事纪要(1912—1954)》,中华书局2002年版,第8页。

经理,经理人由董事会聘任,对董事会负责。"[1]

现代市场经济条件下,职业经理人已是一种十分常见的社会阶层,但在民国时期,职业经理人作为一种社会阶层并未成熟。民国时期的三部公司法中,只有1946年南京国民政府颁布的《公司法》才对经理人的职责及权限等做出规定:

南京国民政府《公司法》(1946):

第一百一十四条:公司得依章程规定,设置总经理或经理。

第一百一十五条:总经理或经理之选任及解任,由董事会过半数之同意定之。

第二百一十九条:总经理或经理不得变更董事之决议,或逾越其规定之权限。

民国时期的很长一段时间里对经理人缺乏法律规约,法律意义上的"经理人"比较晚熟,但是经济意义上的"经理人"却与市场经济下的企业经营活动形影相随。

中华书局业务执行机构的核心是总经理(1912—1917年称局长),这一职务长期由陆费逵(1912—1941年在职)担任。1912年1月1日中华书局成立,为合资公

---

[1] 牛国良编著:《现代企业制度》,北京大学出版社2002年版,第91页。

司性质,陆费逵任局长职,掌用人、行政大权。1913年中华书局改组为股份有限公司,在企业组织设置上采取立法、监察、执行三权分立的形式,陆费逵继续担任局长,为全局职员领袖,执行局务,下辖编辑所、事务所、营业所、印刷所、发行所。1916年,组织结构调整,局长之下,设副局长1人(沈知方)、协理4人、所长3人,协助局长处理局务。1917年"民六危机"后,局长名义取消,陆费逵改任司理。1919年12月,股东常会修订公司章程,废除局长制,改设总经理1人,由董事会选聘,为业务执行机构最高负责人,此后直至1941年,总经理一职一直由陆费逵担任。1941年,陆费逵病逝于香港,李叔明继任总经理直至1949年。

经理人作为中华书局的业务执行机构,其职责和权限,总的说来,"为职员领袖,执行局务"①。总经理由董事会选举产生,其他职员的任免由总经理决定,但高级职员,如总店店长、总厂各所所长及分局经理的选任,必须征得董事会同意②。当经理人由于决策失误而对公司造成损害时,公司股东会可以罢免经理人,如1917年由于陆费逵采取激进的发展策略,导致公司发生极大危机,股东会罢免了陆费逵的局长职务,令其暂居司理职,代理

①钱炳寰:《中华书局史实丛钞》,俞筱尧、刘彦捷编:《陆费逵与中华书局》,中华书局2002年版,第319页。
②汪家熔辑注:《中国出版史料(近代部分·补卷上册)》,湖北教育出版社2011年版,第111页。

局长事务。

经理人是企业"商海"航行的舵手，在风急浪高的环境里，舵手的坚强有力是十分必要的。考之陆费逵30年的总经理任期，"强势"是其突出的标志。陆费逵的"强势"并非凌驾于公司制度之上，而是在严格遵守制度的前提下充分展示"强势"。辛亥革命前夕，他准确预判政治情势，大胆组织同人编辑适应共和政体的教科书，这是见识的"强势"；在"民六危机"、历次工潮、抗战中能够坚忍不拔、勇于面对、敢于担当，是其能力的"强势"；在20世纪30年代企业发展成为拥有国内外总分支机构40余处、从业者达5000人的大企业后，陆费逵的工资在公司里面却不是最高的，这是其人格的"强势"。关于陆费逵的"强势"，左舜生曾论道："伯鸿的学历我不完全明白，但我知道他治事极勤，颇有'狄克推多'（狄克推多为dictator，强势者、独裁者的汉语音译——笔者注）。"[1]左舜生的评论十分中肯，陆费逵治事勤勉、雷厉风行的风格是局内人所公认的。

此外，陆费逵的"强势"还体现在其能够完善公司规章制度。"陆费逵身为中华书局总经理，并没有做甩手大掌柜，而是做到在大事上心中有数，不断完善企业的规章

---

① 左舜生：《近三十年见闻杂记》，许云龙主编：《近代中国史料丛刊（49—50）》，（台湾）文海出版社1967年版，第475页。

制度"①，加强对分局科学规范的制度化管理正是一个重要体现。各地的分支局组成了中华书局遍及全国的发行网络，是中华书局的"手足"，但是对于分局的管理一直存在一定程度的混乱情况。陆费逵有鉴于此，在视察各地分局之后，结合多年的实践经验，于1934年制定了《视察分局简章》。

四、监督与约束机构——监察人

在欧美许多国家的公司法中，对于股份有限公司是否要设立监事会的问题有着不同的规定。不要求设立监事会的公司，通常称为一元结构；要求设立监事会的公司，则称为二元结构②。民国时期先后颁行的三部公司法都只规定股份有限公司要设立监察人，对设立监事会则未有要求。虽然监察人和监事会在各自的语境中都可以看作监督机构，但它们在监督公司业务活动上所起的作用是有显著差别的。因此，从根本上讲，监察人只能看作监事会的"原始状态"，采取监察人制度的公司在结构上是"一元"的。

从1912年成立到20世纪50年代初，中华书局采取的一直是公司一元结构。监察人的人数，1946年以前每

①俞筱尧：《中华书局的好当家》，嘉兴市政协文史办编：《嘉兴文杰（第一集）》，当代中国出版社2005年版，第430页。
②范军：《上海商务印书馆监察人制度述略》，《出版史料》2012年第4期。

届为 2 名，1946 年复员后的首届股东会上改为 5 名。监察人享有和承担公司法及公司章程规定的权利和义务，"监察为监督稽察机关，凡账目报告，皆由监察稽查署名负责，立法和行政两机关有不法情事，得纠举之"[1]，虽然监察人名义上是公司的监督机构，但实际上监察人的权力与作用是有限的，其职责主要限于一年一度的股东常会的财务审查报告，平常的监督并不能完全到位。中华书局 1917 年发生的危机，便是一场严重的财务危机，监察人潘宪臣和郭亮甫似乎也没起到什么监督的作用。

当选监察人需具备一定的资格。监察人首先必须要是公司股东，由股东会选举，和董事一样，其当选资格为至少须有本公司股份 20 股。监察每年改选一次，但是可以连选连任。监察得以各自独立行使其权利。为了防止出现集"运动员"和"裁判员"于一身的现象，监察人不得兼任公司董事或经理人。

中华书局的法人治理结构围绕股东会、董事会、经理人及监察人之间的分权与制衡关系展开，公司作为法人有了自己独立的"人格"，公司的所有权与经营权实现了分离，股东会拥有公司的终极所有权，董事会、经理人拥有公司的经营权，监察人代表股东对董事会及经理人进行监督。法人治理结构是现代公司制的重要特征，较大

---

[1] 钱炳寰编：《中华书局大事纪要（1912—1954）》，中华书局 2002 年版，第 8 页。

型的企业一般都采取这种形式,在当时来说,这种制度是最先进的。但是,先进的制度并不一定会保证事业的成功,而只是提供了一种更大的可能,制度既要合理安排,更要坚决执行。如果有了好的制度而不去执行,那么制度就只是摆设,绕开制度的同时也就偏离了正确的轨道,事业的成功也就难以保证。

第二节　直线职能型的组织结构

股东会、董事会、经理人、监事会是公司法人治理结构的具体机构设置,是企业的组织机构,属于企业的"上层建筑",但是企业的构成部分远不止这些要素,还要有各种大小不一的生产管理部门、车间、小组等,公司的组织结构就是公司各构成部分(包括组织机构)以及它们之间的相互关系。为了区分概念起见,在这里有必要对组织机构和组织结构进行比较,组织结构和组织机构的区别在于,"其一,范围不同,组织机构只涉及到公司领导层次的分工与协调,而组织结构则涉及到公司内部各方面的分工与协调","其二,重点不同,组织机构的重点是公司领导层的集权与分权的关系,而组织结构的重点是整个公司内部的集权与分权的关系"[1]。

---

[1]刘明慧主编:《现代企业制度概论》,中国财政经济出版社2005年版,第128页。

公司组织结构的类型,大致可以分为机械式组织结构和有机式组织结构两大类。机械式组织结构包括直线制、职能制和直线职能制三种类型;有机式组织结构包括事业部制、矩阵制、模拟分权制、网络制和立体多维制五种类型[1]。通过对史料进行考证,我们可以还原出中华书局的组织结构,如图 3-1:

图 3-1　中华书局组织结构图[2]

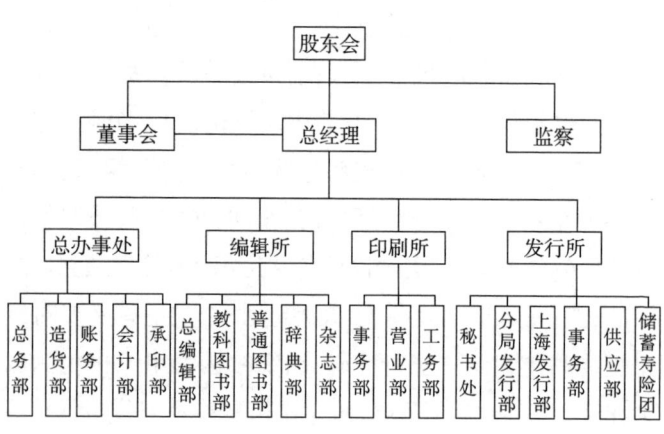

由图 3-1 可知,中华书局的组织结构是典型的直线职能制结构,"直线职能制组织结构以直线制和职能制两种形式为基础,在直线制结构统一指挥的原则下,设置相

①吴申元主编:《现代企业制度概论》,首都经济贸易大学出版社 2009 年版,第 58—64 页。
②本图系笔者根据《出版月刊》1937 年第 1—5 期上所登《中华书局股份有限公司概况》信息绘制而成。

应的职能部门"[①]。

一、总公司的组织结构概况

中华书局1912年1月1日成立之时,组织上颇为精简,局长、编辑长、事务长各掌其事,陆费逵、汪海秋、陈寅分别为其首任主持者。一年以后,中华书局改组为股份有限公司,总公司的组织结构逐渐完备,初具规模。

1913年4月,中华书局改组为股份有限公司,总公司的组织结构也做了相应的调整。局长(总经理)是公司的业务执行机关,在其之下设立编辑所、事务所、营业所、印刷所、发行所。1916年,随着公司资本的增加(由100万元增至160万元)以及厂店迁往新址,规模扩大,组织结构又发生了变动,取消营业所,改设总公司,原发行所改设为上海店,调整之后局长下辖编辑所、事务所、印刷所、总公司、上海店五个部门,同时设副局长1名、理事4人作为职能部门协助局长处理局务,又设有干事7人协助理事、所长开展工作。1917年"民六危机"发生后,取消局长一职,陆费逵改任司理,代理原局长事务,原先局长下辖的部门也进行了精简,精简之后司理下辖总办事处、上海店、清理处、编辑所、印刷所、货栈六部门,虽然处所在数量上较之前增多,但是各处所下辖

---

①吴申元主编:《现代企业制度概论》,首都经济贸易大学出版社2009年版,第60页。

部门数量大为减少。1919 年 12 月，股东常会修订公司章程，废除局长制，改设总经理 1 名，为企业业务执行机构的最高负责人。此后数年，中华书局总公司的组织结构变动频仍，直到 1924 年才趋于稳定。1924 年，总经理下辖一处三所：总办事处、编辑所、印刷所、发行所。此后直至 1937 年抗日战争爆发，中华书局的组织结构未再有大的调整，总体上保持了稳定。一处三所成为中华书局组织结构的主体部分。

总办事处下辖总务部、造货部、账务部、会计部、承印部，负责人为处长。

编辑所设所长 1 名，下辖总编辑部、教科图书部、普通图书部、辞典部、杂志部。编辑所是集中了企业最高智慧的部门，为企业的发展提供了智力支撑。编辑所里人才济济，均为一时之选：正、副所长分别是舒新城、张相；教科图书部有金子敦、朱文叔、华汝成等；普通图书部有钱歌川、钱亦石、郁树锟等；辞典部有沈朵山、刘范猷等；杂志部有倪文宙、桂绍盱、吴翰云等。

印刷所设所长 1 名，下辖事务部、营业部、工务部三部门。

发行所设所长 1 名，下辖秘书处、分局发行部、上海发行部、事务部、供应部、储蓄寿险团六部门。

1937 年抗战爆发以后，中华书局在组织结构上"化整为零"，以便在战时的艰困环境中求得生存与发展。1937 年 11 月，陆费逵赴香港设立办事处，在港主持大局。

上海的总办事处改为驻沪办事处。战时交通阻滞,书货都存在上海、香港两地,为了便利运输,中华书局先后在各地设立了办事处,如表3-2所示:

表3-2 战时中华书局办事处 [1]

名称	设立时间	负责人
分局发行部汉口办事处	1938 年初	郭农山、徐秀成
美商永林印刷厂	1938 年 10 月	沈鲁玉、王凌汉
西南办事处	1939 年 6 月	郭农山、项再清
曲江办事处	1940 年 4 月	蔡名焯
江西办事处	1941 年 1 月	蔡同庆

战时,陆费逵在香港主持公司大局,公司的业务重心由上海转移到香港,港厂成为当时的生产基地。港厂兴建于1933年,竣工于1934年。在香港建立分厂出于两个目的:一是鉴于"一·二八"事变中商务印书馆闸北厂区蒙受了巨大损失,中华书局拟通过分散经营,降低风险;二是为了扩大销售范围,"注重粤桂闽滇港及英属马拉西亚、荷属东印度与暹罗、安南、缅甸、菲列滨一带。从前由沪厂供给,以南洋而言,自接订单后,最快亦须一个月方能寄到,因此极感不便。但倘由本港之分厂供给,则约一星期便可蒇事,故营业将来或比以往更为发达" [2]。

---

[1] 钱炳寰:《中华书局史实丛钞》,俞筱尧、刘彦捷编:《陆费逵与中华书局》,中华书局2002年版,第324页。

[2] 《工商日报》编辑部:《香港华资工厂调查录》,《工商日报》营业部1934年版,第129页。

二、分支局的组织结构概况

发行是出版工作的重要环节,特别是在市场经济条件下,发行工作对于出版企业来说尤为重要。"虽然发行工作极为重要,但旧中国却始终没有形成独立的、辐射全国的发行网,发行体系发育极不完善、极不发达,致使绝大多数的图书仅限于本埠流行。"[1] 民国时期出版企业总数过万,但到1949年仍然活跃着的私营出版企业(解放区除外)不过200家[2],旧时出版企业存活率之所以如此之低,与发行网络的不畅通有极大关系。当时有条件的大企业,无不通过自办分支局或是设立代销处的方式来建立自己的发行网络。

"中华书局一开始出版《中华教科书》,因为抓住机遇而站住;它第二步即第二年就是挤占商务教科书的市场份额。这是由沈知方一手操办的,沈知方采取了与商务面对面进行'白刃战'的办法:凡商务有分馆处,中华必设分局。"[3] 对这种情形,书局创始人之一的陈寅在书局成立一周年时撰文回忆道:

> 总局规模略具,爰设分局于各省,先后成立者凡

①魏玉山、孙煜华:《百战不殆的秘密——建国前商务印书馆、中华书局成功原因浅析》,《编辑之友》1995年第1期。
②汪家熔:《旧时出版社成功诸因素——史料杂录(之一)》,《出版发行研究》1994年第3期。
③汪家熔:《旧时出版社成功诸因素——史料杂录(之三)》,《出版发行研究》1994年第5期。

九处,代办分局十余处,贩卖者千余处。东至美国,
西及川滇,南尽南洋,北达哈尔滨,《中华教科书》之
流传随五色国旗之飘展而俱往。[1]

此后,随着中华书局规模的扩大,分支局也延伸到更
多的城市。到1916年,中华书局在全国设立的分支局已
达40余处(见表3-3)。

表3-3　中华书局分支局情况统计表[2]

名称	地址	先后经理
南京分局	1. 杨公井 2. 下关 3. 北门桥街	沈仲约、李少华
太原分局	桥头街	张文甫、朱复初
芜湖分局	长街	康汉臣、王谋翕
云南分局	三牌坊	程润之、沈松茂
厦门分局	庙横街	严慎之
昆明分局	光华路	钱正化
保定分局	城内西大街	李松年
徐州分局	中山街	
邢台分局	城内中山街	
南昌分局	洗马池街	吴永堂、蔡同谋
衡州分局	城内铁炉门	
广州分局	永汉北路	程润之、郑子展
成都分局	古卧龙桥大街	胡浚泉、王伯城
开封分局	南书店街道	

---

①陈寅:《中华书局一年之回顾》,《中华教育界》1913年第1期。
②周其厚:《中华书局与近代文化》,中华书局2007年版,第31页。

续表

名称	地址	先后经理
北平分局	琉璃厂	周支山、王天木
沈阳分局	鼓楼街	沈鲁玉、郭农山
杭州分局	新民路	叶友声、陈光莹、朱朗亭
九江分局	大中路	李仲谋
常德分局	沅清街	陈仲祥
重庆分局	新街口	朱复初、吴永堂
汕头分局	永平路	蔡名焯
天津分局	北马路北	张杰三、于梦武
张家口分局	武城街	王乐天
安庆分局	龙门口正街	沈松茂、王廷献
汉口分局	交通路	沈翰彬、沈鲁玉、徐秀成
福州分局	南大街	荀潜、李旭升
梧州分局	大中路	张杰三
兰州分局	辕门西	刘蒲孙、谢惠桥
济南分局	芙蓉街	
青岛分局	山东路即墨路口	刘锡三
西安分局	钟楼北路	谢惠侨、赵鉴三
桂林分局	桂西路	李宗华
许昌支局	中山南路	王云卿
南阳支局	中山大街	郭翔佛
贵阳分局	三山路	李宗华、吴安荣
金华支店	法院街	李一之
香港分局	皇后大道中	杨秉吉、伍晋文
台湾分局		许达年
新加坡分局	大马路	庄希泉、施寅佐

　　分局是中华书局图书发行的基地，公司对分局向来极为重视。分局的负责人为经理，经理下设营业部，此外

还有会计1人,推销员、营业员、练习生、勤杂员若干。经理、营业部主任、会计是分局的核心人员,一般由总局派出,其他人员就地雇用。有时,总局也会聘请当地有地位、有经验的教育界人士担任分局经理。经理的好坏关系到营业能否发展、利润能否增加,因此总局对经理的挑选制定了较为详细的标准:一、品德较优;二、文化水平较高;三、是本业的内行;四、要懂点经济,善于经营管理[①]。这个标准执行得并不机械而是较为灵活。以杭州分局为例,20世纪20年代,杭州分局的经理为浙江甲种商业学校的英文教师叶友声。此人作风正派,为人忠厚老实,文化水平较高,又是文化界人士,只是不懂生意经,缺乏商业经营的经验,但是在当时算是比较理想的人物了[②]。分局经理的地位也比较高,中等分局的经理,大致与总局的部主任相当,属于企业的中层管理人员。

　　分局本身没有生产能力,其书货均由总局配送。中小学校的教科书和教学参考书是分局的主要销售产品,教科书销量最为稳定,利润最高。每学期开学前由总局配发,再由分局发往各经销点和有关的中小学校。此外,中华书局所办的各种杂志,如《新中华》《中华教育界》

---

①陈世觉:《我的回忆》,中华书局编辑部编:《回忆中华书局》(上编),中华书局2001年版,第178页。
②朱朗亭:《回忆中华书局杭州分局》,政协杭州市委员会文史资料研究委员会编:《杭州文史资料(第九辑)》,浙江人民出版社1988年版,第170页。

《小朋友》等，各种工具书和影印古籍，如《中华大字典》《辞海》《四部备要》《古今图书集成》等，都是分局的常销书。书业风险大，利润却薄，开展多种经营也是中华书局的生存之道，因此分局的销售产品中还包括教学仪器、标本模型、运动器械、文房四宝、留声机和唱片以及风琴乐器之类。

分局的用人标准由总局制定。总局根据各分局的盈利情况对其进行分等，各分局用人标准依各自等级一一对应。1932 年 10 月，总局根据各分局营业情况，为分局制定了详尽的用人标准：

（一）过去三年现并平均年届三万元以上为第五等分局，连经理准用八人，每加一万元准添一人，其在省会者再添一人，至十二人为限，薪水占 4—5%。

（二）过去三年现并平均六万元以上为第四等分局，准用十二至十四人，每增加一万元许增一人，至十八人为限。

（三）过去三年现并平均十二万元以上为三等分局，至少十六人，随营业额可递增，以二十四人为限。

（四）过去三年现并平均二十万元以上为二等分局，以二十人为度，不得超过二十八人。

（五）过去三年现并平均三十万元以上为一等分局，可用二十八人，营业增加每三万元，加职员、学生各一人。薪水占现并 2%，营业发展可加 1%。

（六）营业在四十万元以上者，副经理不得兼其他事务。[1]

分局本身没有资本，经济上依赖于总局，收入上交总局，支出则向总局领取。"分局要遵照总局颁发的《办事通则》办事，每月向总局报送月报表，详细汇报分局的营业情况。会计除负责帐务的处理外，还可以向总局反映分局的重要情况。分局每年结帐，先送试算红册，经总局复核后认为帐实相符，不是虚盈实亏，没有弄虚作假才算手续完毕。有时分局经理亲自去总局送红册，总局局长陆费逵要接见一次，加以慰勉。"[2]

中华书局的分局在全国各主要城市均有分布，为了对这些分散的分局进行集中有效的管理，总局将全国划分为华北、华中、华东、西北、华南五大区，每区设监理1名，对分局进行区域管理。"华北地区监理为周支山，兼北京分局经理；华中地区监理为程润之，兼长沙分局经理；华东地区监理为陈光莹，兼杭州分局经理；西北地区监理为胡浚泉，兼成都分局经理；华南地区监理为郑健

①钱炳寰编：《中华书局大事纪要（1912—1954）》，中华书局2002年版，第116页。

②朱朗亭：《回忆中华书局杭州分局》，政协杭州市委员会文史资料研究委员会编：《杭州文史资料（第九辑）》，浙江人民出版社1988年版，第172页。

庐,常驻香港分局,并协助香港印刷厂工作。"[1] 设置监理的原则是"就近监督",即选择本区域中代表性分局的经理作为本区监理。

三、附属机构:中华书局图书馆

中华书局 1912 年成立之初,编辑部门只有三四人,并无专人负责参考用书。1916 年,静安寺路总厂建成,办公大楼的二楼为编辑所,此时编辑人员数量已成规模,始设置专门的图书管理机构,称为"中华书局藏书楼",专职管理人员两名,地点在编辑所内西南角。藏书楼规模不大,面积约为 100 平方米,藏书只有数千册,采用四部分类法,主要是为编辑工作提供便利,方便局内职员查阅。

1924 年藏书增至 6 万余册,馆员亦有增加,原先的分类方法使得检索图书十分不便,因此当时的编辑所所长戴克敦请图书馆学专家杜定友前来指导,按照"杜氏分类法"[2] 对图书重新进行分类整理。1925 年底,藏书楼改名为"中华书局图书馆",不对外开放。到 1933 年,中华书

---

[1] 陈世觉:《我的回忆》,中华书局编辑部编:《回忆中华书局》(上编),中华书局 2001 年版,第 178 页。

[2] "杜氏分类法"是民国时期主流的 10 进制图书分类法,它由我国现代著名图书馆学家杜定友(1898—1967)在"杜威分类法"的基础上所创造。"杜氏分类法"将知识分为 9 类,每类用数字 1—9 中的一个数目代表,总类及不能分类者用数字 0 表示,合为 10 类;每类仍分为 9 个子类别,总类及不能分类者仍以数字 0 表示;余下类推。

局图书馆已有中文藏书 7 万余册,西文藏书 1 万余册,日文藏书 1 万余册,期刊两千余册,并有明版图书 10 余种。此后,公司加大对图书馆的支持力度,藏书量逐年增加。到 1949 年 5 月,图书馆藏书已达 50 万册,其中一般图书(包括中文、英文、日文)36 万册,有不少复本,主要图书 131500 册,地方志 20000 册,丛书类书 50000 册,金石书画 3000 册,报纸合订本 105000 册,杂志合订本 40000 册,工具书 2000 册,教科图书 6000 册①。

中华书局图书馆设馆长 1 名,职员 6 名,馆长由编辑所所长兼任。组织上分为征集组、编撰组、阅览组三组。书局每年拨给购书费 6000 元,人员薪资 2000 余元,办公费 300 余元②。开放时间与编辑所办公时间相同,每日上午 9 时至 12 时,下午 1 时半至 4 时半。阅览人数以每日 60 人为限。借书方式为:借书人在借书卡上签字并由各部长签名,每人限借两部,以两个礼拜为限。

中华书局图书馆在民国时期一直未对外开放,这并非是因为书局出于“私利”计,相反,局方很愿意将图书馆办成社会公益事业,但是由于多重原因而未能遂愿,这是一件令人深感遗憾的事。1930 年,舒新城被聘为中华书局编辑所所长兼图书馆馆长。舒是教育家,对图书馆

---

① 陈世觉:《我的回忆》,中华书局编辑部编:《回忆中华书局》(上编),中华书局 2001 年版,第 175 页。
② 冯陈祖怡:《上海各图书馆概览》,中国国际图书馆 1934 年版,第 57 页。

颇为重视,将图书馆办成公益事业,彰显社会效益是他和书局同人的一个心愿:

> 中华书局虽是股份有限公司,但投资者与干部并不"惟利是图,不计其他"。所以我们很想在经济基础稳固之后,要替社会上做一点事情:第一,拟划出一笔经费,刊行于学术上有贡献的著作,第二,拟办一个普通图书馆,附设教育图书馆。这两件事我们都在筹备,不过图书馆的地址很有问题,附在厂中,稍嫌僻远;另觅地点,费又太大,一时不能决定。[①]

资助学术书出版和兴办社会图书馆对促进文化教育发展来讲,意义十分重大,这本该是由政府来承担的事情,中华书局作为一家私营出版企业能够有此担当,是令人敬佩的。厂址和费用是制约社会图书馆兴建的两大因素,中华书局图书馆附设在编辑所内,而编辑所办公地点在地处市郊的静安寺路总厂,颇为偏远;1933 年,中华书局为分散经营风险,谋公司长远发展计,在香港兴建分厂,耗费不少资金,资金上比较吃紧,这是内因。除此之外,还有更大的外部因素制约了这一计划的实现:

---

① 舒新城:《狂顾录》,中华书局 1936 年版,第 159 页。

这几件事说来很简单,若果是在政治、经济、社会各方面都有轨道可循的国家,这种很简单的事情连说都不要说。然而即此很简单的事,还得费我们几年时间去做;倘若社会发生大变动,恐怕连做也无从做起。[①]

国家的命运深深地影响着企业的发展,随之而来的"社会大变动"——抗战军兴,使得设立社会图书馆这一有益于国家文化教育的计划长久搁浅。几经浮沉,中华书局在民国时期终究没能办成社会图书馆,但是其在艰困环境里所体现出的文化担当是值得后人敬仰的。

中华书局业务执行机构的最高负责人为总经理,并设有协理辅助总经理开展工作。在总经理之下,将公司内部划分为总办事处、编辑所、印刷所、发行所四个职能部门,总经理对这些部门进行策划和运筹,直接指挥各部门的运行;在各主要职能部门之下,根据实际需要设置了次要职能部门,如总务部、总编辑部、分局发行部等,由各主要职能部门的所(处)长负责。因此,中华书局的组织结构是典型的直线职能制结构。

这种组织结构的优势如下:

其一,确保了高层管理者维护企业基本活动的权力与威望。陆费逵长期担任中华书局的总经理,依靠自身

---

①舒新城:《狂顾录》,中华书局 1936 年版,第 160 页。

对编辑、出版、发行业务的精通，直线命令职能部门与之配合，从而确保了个人（总经理）的权力与威望，使得企业命令统一，秩序井然。

其二，减轻了高层管理者被日常事务缠绕的负担。"规模较大的企业业务复杂，各项管理工作需要有专门的知识和技能，主管负责人独自进行全面有效的指挥很困难，需要在其之下设立各种职能机构。"① 职能部门减少了高层管理者的管理工作负担，使高层管理者能够从琐碎的日常事务中抽身出来，对公司全局进行把握和规划。

其三，符合业务专业化的原则，从而使人力资源的利用更为有效。中华书局是民国第二大出版企业，在业务上分为总务、编辑、印刷、发行四大板块，这样的分工使得企业可以对人力、物力、财力资源的使用更为集中有效。

凡事都有利弊两面，直线职能制的组织结构从总体上来说，促进了中华书局的发展，但是也存在着一些不足之处。

其一，在复杂的情况下，容易出现职能职权泛滥而导致混乱的现象。1917 年，中华书局在业务上"跑马圈地"，急剧扩张，内部管理较为混乱，副局长沈知方挪用公款 2 万元进行投机生意，这也成为"民六危机"发生的一个诱因。

其二，职能部门"画地自限"，总经理独力操持大局。

---

① 吴申元主编：《现代企业制度概论》，首都经济贸易大学出版社2009 年版，第 59—60 页。

职能部门专注于各自负责的领域，无形中会形成"只讲部分，不顾整体"的意识，对公司全局负责的只有总经理，这在"民六危机"中也有体现。当时资金急缺，总局向各地分局发急电催款，但不少分局不予理睬，使公司境况雪上加霜。

企业组织结构的设置并非一劳永逸，而是随着企业的发展与环境的变化而动态发展的。中华书局成立之初，人员少，部门单一，在组织结构上采取的是直线制；而后企业规模扩大，业务变得复杂起来，于是根据实际情况设置了相应的职能部门，进行专业分工，从组织上保证了企业能够得到进一步发展；抗战爆发以后，公司又根据战时多变的情况，"化整为零"，组织结构也灵活多变，各地办事处和分支机构也较战前享有更大的自主权。我国当今的出版业，整体上已成功进行了转企改制，组织结构上要做出相应的调整，以更好地促进市场经济条件下出版企业做大做强。出版企业的管理者应该不惮劳苦，不断总结新情况，研究新问题，使企业的组织结构达到最大程度的合理化。

第三节　组织制度下的组织传播

企业组织制度是企业产权的组织化安排，有效的产权安排要满足三个原则：有效激励、有效约束和有效的组

织信息传播 [①]，组织信息传播的效率离不开制度的保障。中华书局的组织制度符合企业制度的要求，其组织结构相对科学、规范，并有一整套健全的制度作为约束，因而，其组织传播中的制度性色彩较为明显。中华书局的组织传播可以从三个维度来进行分析：其一，从"文化隐喻"的视角来定位中华书局的组织传播；其二，从组织网络的结构和功能来解码中华书局组织传播的执行过程；其三，从反馈环节来解析传播带来的组织创新。

一、定位：中华书局组织传播的文化隐喻

对于组织有一种隐喻——将组织看作文化，因此，组织传播也就可以被视为文化传播。"文化隐喻源于多年来一些学者对国家、部落和种族群体的文化进行研究而发展起来的人类学" [②]，代表人物是美国学者阿伦·肯尼迪和特伦斯·迪尔。他们将组织看作文化，认为商业成功可以通过发展"强势文化"来实现，如果一个组织具有强势文化（strong cultures）的成分，个人和组织的绩效都会得到提高。一个组织的文化强势与否，主要由企业环境、价值观、英雄人物、礼仪和庆典、文化网络等要素决

---

① 黄少安：《产权经济学导论》，经济科学出版社 2004 年版，第 233 页。

② ［美］凯瑟琳·米勒著，袁军等译：《组织传播》（第二版），华夏出版社 2000 年版，第 80 页。

定①。关于文化隐喻视角下的中华书局组织传播,本书选取价值观和英雄人物这两个突出要素来进行探讨。

（一）为教育出版而救国的价值观

价值观是一个组织的基本观念和信念,因而成为企业文化的核心。价值观作为一家公司成功哲学的精髓,为所有职工提供了一种走向共同方向的意识,也给他们的日常行为提供指导方针。

正如张元济赋予商务印书馆"以扶助教育为己任"的价值观一样,陆费逵的个人志向与抱负也体现为中华书局的价值观——"立国根本在乎教育,教育根本,实在教科书。教育不革命,国基终无由巩固;教科书不革命,教育目的终不能达也"②及"我们希望国家社会进步,不能不希望教育进步;我们希望教育进步,不能不希望书业进步,我书业虽然是较小的行业,但是与国家社会的关系,却比任何行业大些"。要言之,就是"为教育出版而救国",这正是中华书局在动荡岁月里一直践行的价值观。

（二）自学成才、具有远见卓识的英雄人物

英雄人物是组织文化价值观的人格化和组织力量的集中体现,他们拥有梦想,做事喜欢凭直觉而非决断力,他们为员工提供实际仿效的榜样。陆费逵绝对算得上是中华书局中强有力的英雄人物。

---

①［美］阿伦·肯尼迪、［美］特伦斯·迪尔著,孙耀君等译:《西方企业文化》,中国对外翻译出版公司1989年版,第13—15页。
②陆费逵:《中华书局宣言书》,《中华教育界》1912年第1期。

陆费逵（1886—1941），生于陕西汉中，祖籍浙江桐乡。辛亥革命后不久离开商务印书馆，与数位同人一起创办中华书局，在民国教育界和出版界是颇有声名的人物，他的经历富有传奇色彩。

其一，自学成才的典范。陆费逵没有受过一天正规的学校教育，自称"母教五年，父教一年，师教一年半，一生只付过十二元的学费"[①]，他是一个自学成才的典型，《申报月刊》上曾刊文将其和爱迪生、高尔基并举，称他为"自我挣扎的模范"。即使是在主持中华书局期间，身陷烦冗事务之中，陆费逵仍不忘刻苦自修，每天坚持读书一二小时。陆费逵能够自学成才，凭的是有计划和持之以恒。

其二，独领"新式教科书"革命风骚。武昌起义后，当时还未满 26 岁的陆费逵敏锐地断定革命必然成功，遂决定另创书局，为革命后的教育出版事业做准备，以实现自己以教育出版救国的理想抱负。他集合了戴克敦、陈寅、沈颐等数位同人在家秘密编辑共和教科书，常常工作到午夜。陆费逵的三弟陆费执，此时刚从北京清华学校肄业，也参与到其兄的事业中来。不到三个月，中华书局于中华民国元年 1 月 1 日宣告成立，同时推出《中华教科书》系列，"各省函电纷驰，门前顾客坐索，供不应求"[②]，掘

---

① 陆费逵：《我的青年时代》，《新中华》1934 年第 6 期。
② 陆费逵：《中华书局二十年之回顾》，《中华书局图书月报》1931年第 1 期。

得第一桶金,奠定了中华书局书业"亚军"地位的基础,而此时的陆费逵,虚岁也才27岁,正应了"自古英雄出少年"的说法。

此外,陆费逵在企业家理论构建方面也卓有建树,《实业家之修养》是陆费逵在经济思想方面的代表作,该书于1914年11月由中华书局初版,以后多次重版,至1929年已出了8版,还被《实业致富新书》上卷以首篇收录,在当时有一定的社会影响。有学者认为,陆费逵的实业家修养理论比西方的企业家理论要早20年,它是中外经济思想史上最早的企业家理论[①]。

在社会剧烈变革的关口,能够准确判断形势走向已属不易,而能够抓住时代赋予的转瞬即逝的机遇则更是难上加难的事情。陆费逵能够准确判断局势走向、抓住辛亥革命所带来的教科书"革命"的机遇,在他身上,我们可以看到一位爱国出版家以教育出版救国的梦想,和张元济一样,他也是一位梦想远大的"英雄式"出版家。"这些梦想家的成功不仅在于创建了公司,而且在于建立了在他们身后仍能保持下去的制度,为世界提供了带有他们个人色彩的价值观。他们的梦想改变了我们经营企业的方式。他们的影响仍然渗透在我们周围。"[②] 陆费逵

---

① 钟祥财:《中国近代民族企业家经济思想史》,上海社会科学院出版社1992年版,第107页。

② [美]阿伦·肯尼迪、[美]特伦斯·迪尔著,孙耀君等译:《西方企业文化》,中国对外翻译出版公司1989年版,第46页。

给后世出版人留下的不只是他所开创的中华书局,更重要的是留下了出版理想,即要以出版促进教育的进步,以教育进步推动国家社会的进步,"倘若书业能为我们民族的'精神支柱'重建,能为我们国家融入世界文明潮流有所作为,则功莫大焉"①。

二、执行:网络理论下中华书局的组织传播行为

网络理论的基本主张是:组织的结构是由其成员的互动模式所组成的。联系性(connectedness)是网络理论最基本的结构性概念。它具体指的是人际传播存在着相对恒定的路线。处于交流状态的个人联结在一起,就成为群体;而这些群体联结在一起,又成为一个总体性的网络②。上述观点也可以概括为"经由传播而组织"。对组织传播的具体机制与规律的探讨,正是组织传播研究的一项重要任务。中华书局的组织传播有两个向度:一是组织内传播,二是组织外传播。

(一)中华书局的组织内传播

一个组织不会只是由单一的网络组成,而是由许许多多相互交叉的网络共同形成,这些网络大体上可以归为两类:一类是"施加权力或影响——学者们称之为'权威'或者'工具性网络';另一类突出的可能是友谊或从

①范军:《坚守文化人的出版理想》,《现代出版》2012 年第 3 期。
②[美]斯蒂芬·李特约翰著,史安斌译:《人类传播理论》(第七版),清华大学出版社 2004 年版,第 329 页。

属关系、信息、生产或者革新"①。中华书局的组织制度所形成的传播网络充当了"权威";而组织制度以外的一些小群体传播则形成了"情感型"网络。

1.现代企业组织制度的"权威型"传播网络。作为民国时期第二大出版企业,其员工人数在鼎盛时期达五千之多,这样一个庞大的企业,其组织内部要是没有健全的传播机制和畅通的传播渠道,想实现组织目标就会很困难。而中华书局的现代企业组织制度就是保证这一大型出版企业组织内部能够有效传播信息的"权威"。

中华书局的组织制度由其组织机构和组织结构所组成。组织机构有股东会、董事会、总经理、监事;组织结构是直线职能制结构。组织结构下所形成的传播网络是保证中华书局生存发展的必要条件。

中华书局中各组织机构的信息传递以及组织机构间的信息传递,组织机构与各职能部门的信息传递,各职能部门的信息传递以及职能部门间的信息传递等传播网络的"权威"性,是中华书局组织传播有效进行的制度保障。在由传统向现代转型的民国时期,传统的组织网络和组织观念势力还很强大,"人情"大于制度,中华书局建立的现代企业组织制度,正是摆脱传统的组织网络、建立新式制度性组织网络模式的有益尝试。

---

① [美] 斯蒂芬·李特约翰著,史安斌译:《人类传播理论》(第七版),清华大学出版社2004年版,第330页。

　　整体而言,民国时期真正建立了股份有限公司制度的出版企业不超过十家,其中最知名者当属商务印书馆、中华书局、世界书局、大东书局和开明书店。这些企业的员工人数少则数百,多则数千,若没有严密的权威型传播网络,是难以维持其有效运转的。这五家的权威型传播网络还是有细微差异的。中华书局的特色在于,其权威兼有法理和魅力特征,即陆费逵的个人魅力渗透到整个权威型传播网络之中,但他又严格遵照企业规章制度办事,受制度制约。在中国近现代出版史上,除了夏瑞芳,恐怕就要数陆费逵的魅力最强了;张元济端正持严,道德极为高尚,应当属于法理型权威,而非魅力型权威。关于陆费逵的个人魅力,出版史学界早有公论,此处不再赘述。

　　2. 组织内小群体的“情感型”传播网络。组织的最基本单位是两个人的联系,“联系”界定了组织成员的网络角色。组织成员在相互交流传播信息的过程中,各自扮演着不同的网络角色,“有些成员在组织里控制着信息流通的大门,他们是守门人;有些人位于连接派系的重要地位,他们是联络者;有些人以非正式的方式产生支配性影响,他们是意见领袖;接线连接者或世界人是组织‘对世界的窗口’,他们使组织与环境产生关系”①。组织中的

――――――――――

① [美] 埃弗雷特·M·罗杰斯著,林瑞基译:《组织传播》,台湾“国立编译馆”1983 年版,第 142 页。

成员围绕着这些人组成了"权威"网络之外的带有人情味的"补充性"传播网络。在中华书局内部，这样的传播网络较有代表性的是中华书局"同人进德会"。

中华书局"同人进德会"成立于 1921 年 10 月，由编辑所同人发起组织，以砥砺品德、增进学识为宗旨。入会自愿，劳资双方均可参加。出版有定期会刊《进德季刊》。在"同人进德会"成立之前，中华书局的组织成员在长期的工作中，别无其他活动，但自进德会成立后，各种活动就逐渐开展起来。如举行时事演讲会，主讲的人，大多是在编辑所工作；演讲的内容，一般都是结合当时列强侵略、军阀掠夺等社会问题，借以唤醒会员们的爱国之心。除了时事演讲会，进德会还开办夜校补习班，开展各项文娱体育活动，使组织成员的业余生活丰富起来，劳资紧张关系得到缓和。其后，印刷所同人在此基础上组成"进德体育会"，其组建的职工足球队在当时的上海足球界颇有名气。

中华书局"同人进德会"为中华书局的组织成员提供了"权威型"传播网络之外的"公共休闲"领域，在这片领域内，组织成员之间的传播方式以平行传播为主，这有别于他们在"权威型"网络中的主要传播方式——上行传播或下行传播。在以平行传播为主要传播方式的群体网络中，群体成员能够以更加"自我"的方式参与到群体传播活动中，而较少考虑彼此在"科层"中的位置，群体成员在此领域更多的是进行情感性交流而非任务性交流。

(二)中华书局的组织外传播

每个组织之间并不是彼此隔绝的,组织的一项重要职能就是要通过保持和外界的联系感知环境的变化,调整组织的传播方式以适应环境。中华书局与外界组织的关系主要是与作者之间的关系、与同业组织之间的关系、与政府组织之间的关系。

1. 中华书局与作者的关系。中华书局向来尊重作者。陆费逵曾经说过"作者是我们的衣食父母",可见他对作者的重要性是有深刻认知的。在公事方面来说,中华书局对作者的版税,照规定按实销数到时结算;对作者约稿,恪守信用,稿成以后,即使不能出版,也要说明理由,支付较低的稿酬;作者借支稿费,也是常有的事①。在私事方面来说,能够急作者之所急、难作者之所难,是作者的好朋友。

"中华书局之友"徐悲鸿最能说明书局与作者的亲密关系。20世纪30—40年代,徐悲鸿先后在中华书局出版《悲鸿画集》《悲鸿描集》等作品集,与中华书局舒新城、吴廉铭等有大量往来信函,中华书局于1992年出版的《中华书局收藏现代名人书信手迹》中收录徐悲鸿的信函39件,远远超出了其他名人的信函数量。另外,

---

① 吴铁声:《解放前中华书局琐记》,中华书局编辑部编:《回忆中华书局》(上编),中华书局2001年版,第78页。

中华书局于 2012 年出版《中华书局藏徐悲鸿书札》，共收录徐悲鸿致中华书局的 200 余通手札。使徐悲鸿对中华书局产生深厚感情的"功臣"当属舒新城。徐悲鸿和舒新城是通过信函开始交往的，时为 1930 年。当时徐悲鸿的一本画集正交由中华书局出版，在这个过程中，他和当时的编辑所长舒新城就出版的事情多次通过信函进行交流磋商。舒新城在进入中华书局之前就是有一定社会声望的教育家，因此他们的交往促成良好的关系，而良好的关系又促进交往的深入。"徐悲鸿经常是走到哪里，就要中华书局将稿费支付到哪里，而舒新城从不拒绝。甚至徐悲鸿要求将稿费提取部分，送与岳丈、岳母，舒新城一样照办。"① 徐悲鸿在国外，需要马毛制画笔、书籍等，舒新城也为其邮寄。中国传统人际传播文化讲求"知心"，朋友之间最可贵的地方就在于了解彼此的心志或心意。徐悲鸿把舒新城当成知心朋友，对于中华书局，"我国各大城市设有我局分支机构的地方，他总是要去走一走，看一看，各分支机构都留有他的足迹"②。1937 年，抗日战争爆发，徐悲鸿从贵阳到重庆，在渝局经理朱复初的邀请下下榻渝局，住了一个月。其间有一天，

---

① 李天飞:《徐悲鸿与中华书局》，中华书局编:《中华书局与中国近现代文化国际学术研讨会论文集》，2012 年，第 192—196 页。

② 沈谷身:《遗世独立御风而行——缅怀"中华书局之友"徐悲鸿》，中华书局编辑部:《回忆中华书局》（上编），中华书局 2001 年版，第 148 页。

徐悲鸿提出要为渝局全体同人绘画结缘,最后花了一天时间尽心尽力为20多位同人每人各画一幅,无一遗漏。

2. 中华书局与同业组织的关系。20世纪30年代前期是民国出版业的"黄金时代",这一时期资本在200万以上的出版企业有2家,10万元以上者6家,3万元以上者11家,3万元以下者58家。当时上海的"四大书局"——商务印书馆、中华书局、世界书局、大东书局,就是按照资本总额来排名的,分别为:商务印书馆5000000元;中华书局2000000元;世界书局715270元;大东书局281900元[1]。四大书局中,世界书局和大东书局的股本和前两家相比过于悬殊,因而,民国出版界的"第一梯队"当是商务印书馆和中华书局,而中华书局与同业组织的关系主要就是与商务印书馆的关系。

民国时期,书业同行之间存在着激烈的竞争关系。但是同行之间其实还存在着另一层关系——合作。中华书局和商务印书馆正是既竞争又合作的关系。

有人认为商务印书馆和中华书局的竞争关系体现在寻求政府支持、选题、图书质量、出版速度、人才和市场等六个方面;合作关系体现在未实现的合并、排他性合作、互赢性合作三个方面[2]。笔者赞同以上观点,中华书局在

---

[1]《会计杂志》记者:《上海四大书局之决算报告》,《会计杂志》1933年第1期。

[2] 王伟:《商务印书馆与中华书局的竞争与合作》,东北师范大学硕士学位论文,2009年,第12页。

1912年靠着《中华教科书》系列迅速抢占一部分教科书市场，进而逐渐站稳了脚跟。中华书局的"首战"打得十分漂亮，开创了中小学教科书出版的新天地。此后，在和商务印书馆漫长的竞争过程中，中华书局通过模仿与学习，不断提升自身实力（见表3-4）。

表3-4　商务与中华出版物简明对照表

商务印书馆	中华书局
《东方杂志》（1904）	《大中华》（1915）
《教育杂志》（1909）	《中华教育界》（1912）
《小说月报》（1910）	《中华小说界》（1914）
《少年杂志》（1911）	《中华童子界》（1914）
《学生杂志》（1914）	《中华学生界》（1915）
《妇女杂志》（1915）	《中华妇女界》（1915）
《儿童世界》（1922）	《小朋友》（1922）
《四部丛刊》（1919）	《四部备要》（1922）
《辞源》（1915）	《辞海》（1936）

从上表可以得知，中华在出版物选题上紧跟商务，张元济曾言："中华遇事模仿，于感情亦有大伤。其实道路甚宽，何必如此。"[1]其实中华绝非一个粗鄙的"模仿者"，虽然选题一样，但是在内容上，中华却善于"剑走偏锋"，另辟蹊径，往往会收到奇效。《辞海》的出版就是一例。在《辞海》之前，商务已于1915年推出了《辞源》，它

---

[1]张元济：《张元济日记》，商务印书馆1981年版，第182页。

是"我国现代第一部较大规模的综合性辞典"[1]，为商务带来丰厚的回报，中华书局不甘落后，又不愿为利益牺牲质量，前前后后用了 20 年的时间来"磨剑"，终于"磨出"了自己的特色。《辞海》相较于《辞源》，其特色在于收词时新性强、收词范围更广、采用新式标点等，继《辞源》之后，《辞海》也进入我国近代权威工具书的行列。中华人民共和国成立以前，各种版本行销在 100 万部以上；中华人民共和国成立以后，还继续重印。选题上的竞争不仅没有形成低水平重复出版，反而激发了两家出版企业的企业活力，促进了出版物质量的提高，这无疑是一件幸事。除了选题上的竞争，双方对人才的争夺也是"硝烟弥漫"，在竞争最为激烈的时候，甚至出现了"中华多一人，商务则少一人"的情况，"又有许多人挟制公司（"公司"指的是商务印书馆——笔者注），以中华为护符"[2]。商务和中华都意识到人才的重要性，为了留住人才，两家在工资、福利待遇、工作环境等方面都展开了竞争。

虽然在业务上竞争激烈，但是商务和中华彼此所处的"生态环境"却是一样的，因此当环境对整个行业不利时，携手前行才是明智的选择。中华和商务为了共同利益而合作，有以下两种类型：一是未完成的合作，如 1917 年中华在经济上周转困难，当时中华和商务的高层曾多

---

① 詹德优编著：《中文工具书导论》，湖北教育出版社 1994 年版，第 191 页。

② 张元济：《张元济日记》，商务印书馆 1981 年版，第 161 页。

次秘密商讨合并事宜,但最后由于商务内部意见不统一,合并未成;二是排他性合作,如1921年沈知方创办世界书局股份有限公司,后逐渐对商务和中华的教科书市场形成威胁,两家遂于1924年合资创办国民书局以抗之。

中华书局与同业组织的关系是竞争中有合作,合作中有竞争。通过竞争,促进了出版物质量的提高和企业制度的完善;通过合作,形成合力以更好地适应当时出版业的"生态环境"。

3. 中华书局与政府组织的关系。中华书局与政府组织的关系较为密切。先后担任过中华书局董事的政界名流有:范源濂、唐绍仪、王宠惠、梁启超、于右任、孔祥熙等。中华书局和政府组织保持良好的关系、建立畅通的沟通渠道,进而减少发展过程中的阻力。

范源濂是中华书局的第三任编辑长,1913年到任,1916年因赴北洋政府教育总长任辞去编辑长职务。陆费逵在纪念中华书局成立20周年的文章里曾追念范源濂:"范静生(范源濂,字静生——笔者注)先生,目光远大,不计利害,在局虽仅四年,然服务勤劳,时间恪守,编辑基础于以立,社会声誉于以隆;而东山再起之后,对于公司尤多擘画维持。"[1]1930年,在中华书局工作10年的左舜生向陆费逵请辞时,陆费逵真挚地对左说道:"假如你干

----

[1] 陆费逵:《中华书局二十年之回顾》,《中华书局图书月报》1931年第1期。

政治觉得厌倦了,希望以你的同乡范静生(源濂)先生为例,依然回到书局来。"① 可见范源濂对中华书局的"用情"之深。

孔祥熙是国民政府的要员,曾任国民政府实业部长、财政部长及行政院长等职。孔从 1924 年起,连任历届董事直至 1949 年,1948 年还被选为董事长。20 世纪三四十年代,中华书局能够承揽国民政府的大宗债券、钞票印制业务,与孔祥熙是有一定关系的。中华书局"民十六以后,因承印国民政府债券、钞票等,营业额更见精进,年约四百余万元,二十四年突进至八百余万元,最高曾年达千万左右"② 。在 20 世纪 40 年代,中华书局印刷政府钞券的收入更是占总收入的一半以上,中华书局也得以渡过战时的困难时期。当然,中华书局能够承揽到政府的债券印制业务,还有其他因素,如中华书局印刷设备先进、印刷所内人才济济等。

中国近代的民营企业受到封建势力和帝国主义的双重压迫,生存处境十分艰难。因此,中华书局和政府组织保持良好关系,是现实的选择,这个选择保证了中华书局能够在一个相对宽松的环境中去实现以教育出版救国的文化使命。

---

① 左舜生:《近三十年见闻杂记》,许云龙主编:《近代中国史料丛刊（49—50）》,(台湾)文海出版社 1967 年版,第 478 页。
② 《华股研究周报》记者:《中华书局股份有限公司》,《华股研究周报》1942 年第 10 期。

三、反馈：传播带来的组织创新

在传播过程中，"反馈"能够作用于组织既有的结构，使其得到创新，组织的传播体系也因此而变得更为有效，进而开始新一轮的传播，形成一个良性循环系统。中华书局的组织创新是由一次危机带来的。

1917年，由于业内出现了"中华书局即将倒闭"的谣言，书局的债权人纷纷到书局提取现金，造成中华书局现金断流，资金上无法周转，书局一度濒临倒闭的绝境，这就是中华书局历史上的"民六危机"。

从经济学的角度来看，这场危机的主要原因是进行无计划、吸收存款太多、开支太大①。从组织传播的角度来看，笔者认为中华书局组织结构的特性——高度的集权制和组织共同意识的缺失，是此次危机的一个主要诱因。从1912年中华书局成立到1917年"民六危机"爆发，这一时期中华书局的营业额从22万元激增至165万元；员工由10余人激增至2000余人。此时的中华书局注重多条"战线"同时"作战"的"外延式"发展，而疏于完善组织结构的"内涵式"发展。也许是公司上下对陆费逵的个人能力深信不疑，在"民六危机"发生前，中华书局组织结构的特性是高度的集权制，而权力就集中在陆费逵手上；"民六危机"发生后，中华

①钱炳寰编：《中华书局大事纪要（1912—1954）》，中华书局2002年版，第33页。

书局资金告罄，局方多次向各地分局发出催款的急电，但分局对此并不理睬，这是组织共同意识缺失的表现。

在危机中，股东们想了各种方法，而常州士绅吴镜渊给中华书局带来了转机。中华书局创始人之一的沈颐和吴镜渊是同乡，二人素有交情，恰好这段时间吴镜渊来上海参加盛宣怀的葬礼，沈颐就乘此机会邀请他与陆费逵会面，磋商垫款事宜。吴镜渊鉴于中华书局与文化教育事业有密切关系，于是同意出资维持，筹资 10 万组成维华银团，解了书局的燃眉之急[1]。因此，吴镜渊以垫款人身份进入中华书局，长期担任中华书局的监察、董事。在 1917 年监察任上，吴镜渊对中华书局的财务管理系统进行了整顿，对厂店组织进行改革，陆续建立了一套完整的规章制度。后来中华书局董事会为了纪念吴氏在中华书局发生危机时，毅然出资维持，并改进企业管理制度，奠定中华书局稳步前进、进一步发展的基础，曾特制了一个二十余寸的大银盾，上刻"扶危定倾"四个大字，赠送给

---

[1] 需要指出的是，当时中华书局的全部债务约有 120 余万元，这 10 万元的借款如果用来还债，无异于杯水车薪，于大局无补。所以当时书局的董事们与债户协商一致，先将债务冻结，再将这 10 万元用作发展生产的资金，使得中华书局逐步恢复了元气。维华银团的第一个三年合同期于 1921 年 9 月 7 日期满，之后又续约了三年。1931 年，为了表彰吴镜渊、孔祥熙等股东昔年对书局的扶持，书局特制 6 块 20 余寸的"扶危定倾"大银盾，分赠吴镜渊、孔祥熙等人。

吴镜渊，以留纪念①。

危机处理得当就会变为转机。中华书局在"民六危机"中暴露出财政管理混乱、分局和总公司之间沟通不畅等问题，从组织传播方面来看，是由于高度的集权制和组织共同意识的缺失。这次危机过后，公司组织结构的高度集权色彩有所淡化，表现为财政权的独立、组织共同意识的构建（对分局进行制度化和规范化管理）等。

民国时期的中华书局作为我国第二大出版企业，在陆费逵的领导下，始终践行"为教育出版而救国"的价值观，从"文化隐喻"的角度来看，中华书局的组织传播是一种强有力的企业文化传播活动。其启示在于，企业文化不是使企业获得成功的唯一"配方"，但却是企业获得成功的积极因素。企业文化也并非企业"天生"就拥有的"事物"，而是在组织传播的过程中运用各种复杂的方式创造出来并不断维持的。企业文化有很多种要素，但至少需要两点：英雄人物和价值观。

在中华书局组织传播的过程中，存在着组织内和组织间两个向度：组织内"权威型"传播网络保证了组织传播的有效运行和组织目标的顺利完成，"情感型"传播网络则增进了组织成员间的情感交流，缓和了劳资双方的矛盾；中华书局的组织外传播以"关系"为核心范畴，主

①吴中：《我所知道的"维华银团"》，中华书局编辑部编：《回忆中华书局》（上编），中华书局 2001 年版，第 214 页。

要是与作者的亲密友好关系、与同业的竞争合作关系、与政府的理性合作关系。其启示在于,组织传播网络的多样性,"权威型"传播网络与"情感型"网络的"软硬"结合,能够满足组织成员的不同角色需求,营造良好的组织关系氛围。

传播能够带来组织创新。组织传播过程并非只有组织结构的建构,还应当包括组织共同意识的建构。中华书局将危机化为转机,组织结构得到优化,组织传播体系也更为有效。其启示在于,组织结构"应该摈弃等级森严的科层制,建立起网络化、扁平化和柔性化的企业内部结构"[1],同时还要注重建构共同的组织意识,使组织成员明确组织目标,以组织共同意识为动力,从而有效实现组织目标。

---

[1]方卿:《关于我国出版业发展战略的思考(二)——出版企业组织建设》,《中国出版》2009年第16期。

第四章　中华书局的管理制度

　　企业管理是指企业为实现预期的经营目标而进行的以人为中心的组织协调活动，主要涉及人力资源、财务、生产、产品营销、危机、品牌、企业文化等方面。企业管理制度是对企业管理活动的制度安排。古典管理理论大师法约尔认为，管理是一种过程，包括五项要素：计划、组织、指挥、协调和控制。由此可知，企业管理的每一个方面都是一个周期性的动态过程；同时，管理作为一种过程，还受到一套由法律、契约、风俗习惯以及文化等要素组成的管理制度的约束。如果将企业管理活动比喻为企业这辆车的发动机，那么企业管理制度则是"方向盘"，管理制度约束着"动力"的方向。因此，管理制度与管理活动互为表里，正如理论之于实践，二者是不可分割的有机整体。本章所讨论的中华书局的管理制度是广义上的，既包括由法律、契约、风俗习惯以及文化等要素组成的管理制度，也包括制度约束下的管理活动。

第一节 充满活力的人力资源管理

人力资源管理是企业所从事的人力资源规划、招聘、培养使用及组织等各项管理工作的总称。其目标是探索最大限度地利用人力资源的规律和方法，正确处理和协调生产经营过程中人与人、人与事、人与物的关系，使人与人、人与事、人与物在时间和空间上达到协调，实现最优组合，做到人事相宜，人尽其才，人尽其用，充分调动人的积极性，实现企业的经营目标[①]。中华书局在人员进用、培训、考核以及激励等方面逐步做到了科学化、规范化和制度化，方法得当，符合规律，从而保证了其经营目标的顺利达成。

一、书局进人的方式

中华书局进用员工主要有三种方式：一是经熟人介绍进局；二是聘请；三是经考试录用。

前两种方式主要表现在进用编辑方面，是非常态化的进人方式。中华书局是集编辑、印刷、发行于一体的大型出版企业，在组织机构方面仿照商务印书馆，设有"一处三所"：总办事处、编辑所、印刷所、发行所。编辑所

[①] 李启明主编：《现代企业管理制度》（第四版），高等教育出版社2011年版，第302页。

是书局中人才最为集中的部门，为书局的发展提供智力支撑，编辑人员大多是学有所专、学有所长的优秀人才。"中华书局的编辑人员（包括局外编辑），其中不乏知名人士，早期有梁启超、范源濂、徐元诰、马君武、戴懋哉、张相、高野侯等人，以后有舒新城、金兆梓、田汉、张闻天、左舜生、陈启天、潘汉年、王宠惠、李登辉、徐志摩、谢无量、马润卿、张士一、朱文叔、章丹枫、周宪文、钱歌川、钱亦石、张梦麟、周伯棣、郑午昌、葛绥成、桂绍盱、武堉幹、陈伯吹、李平心等人"①，"他们或是由熟人朋友引荐介绍，或是由书店直接物色聘请，或是经招考择优选拔录用等多种途径，进入到出版机构这一知识核心部门，担任着选题组稿、编辑加工乃至著述编译等日常工作"②。此外，1932年以前的分局也多采用熟人介绍的方式，分局经理们在人事上有较大的自主权，存在着任用同乡戚族的现象，容易产生财务监督管理上的弊端。为此，1932年10月，陆费逵提请董事会通过了分局用人标准的规定，"分局用人，经理同乡介绍者，考试录取额不得超过四分之一，须凭考卷照片经总局核准。经理绝对不得任用戚族。前用同乡超过四分之一者，应加甄别酌量辞退"③。

---

① 吴铁声：《解放前中华书局琐记》，中华书局编辑部编：《回忆中华书局》（上编），中华书局2001年版，第81页。
② 吴永贵、曹琳娜：《民国时期出版企业的人员构成与管理》，《中国编辑》2006年第2期。
③ 钱炳寰：《中华书局史事丛钞》，俞筱尧、刘彦捷编：《陆费逵与中华书局》，中华书局2002年版，第335页。

培训,分为委托代培和自办培训。委托代培方面,1922 年 9 月,中华书局曾经委托上海国语专修学校开办国语商业夜校,招收学员 60 名,设有国语、商业及书业常识(编辑、出版、印刷)等课程,陆费逵亲自前去讲课,题为"书业商之修养"。学生毕业以后量才录用。自办培训方面,1935 年 9 月,中华书局自设职业训练所,由舒新城、王酌清、薛季安、武佛航(堉幹)等组成委员会,主要由理事武佛航教授负责。招收学员 30 人,学习期一年,前半年全日上课,后半年白天派往各部实习,晚间上课。提供膳宿,不收学费,视月考成绩给予奖金 4—12 元,或令退学。录用后月薪 25—45 元。同年 12 月,又招一期,至 1936 年 10 月结束①。招收学员并加以培训,这种方式有两个好处:第一个好处是中华书局可以按照自己的标准来"锻造"所需要的员工,使员工的素养和书局的要求高度统一起来;第二个好处就是通过这种方式培养出来的人才对书局具有很高的忠诚度,能够保证书局人才的稳定,有利于书局的长远发展。

考试,是中华书局常态化的进人方式。1913 年 5 月,董事局制定了《任用职员规程》,规定进用职员,除特别延聘外,一律要经过考试,试用合格后正式录用,以考试为原则,以举荐为例外。"据不完全统计,从 1912 年到 1936

①钱炳寰:《中华书局史事丛钞》,俞筱尧、刘彦捷编:《陆费逵与中华书局》,中华书局 2002 年版,第 333 页。

年的 25 年中,在《申报》上刊登的招聘及招考广告,共有 20 多次,包括编译、缮校、书记、分局正副经理、账房、柜员、庶务,以及各种学习员、学生等。"①针对不同的岗位,又制定了不同的考试方式:对于应聘中高级岗位者,是先报名再函约面试;对于应聘初级岗位者,实行集体考试的方式。集体考试报考人数超过 1000 人的有两次。第一次是在 1936 年 5 月,报名者有 1700 多名,最后录取 42 人。第二次是在 1940 年 6 月,报考者有 1300 多名,最后录取 60 人。对于 1940 年的这次考试,当时还有面试者写了一篇"应试纪"发表在《申报》上,摘录如下:

> 这次投考的资格,规定:(1)初中毕业并执有文凭者;(2)本届暑期毕业之初中生;(3)高中肄业曾在其他商业机关服务者;并需精通算写,略懂一些簿记。手续很简单,只要你写一封自荐信,寄至哈同路中华书局驻沪办事处,并附半身照片一张就行了……这次公开考试,报名的人数差不多有 1300 余人。
> 经过严格的选剔后,准予应试的记 240 余人,考期是上星期日上午,地点假南阳路滨海中学。
> ……主考者为该局账务部主任武埁幹先生等人……

---

①钱炳寰:《中华书局史事丛钞》,俞筱尧、刘彦捷编:《陆费逵与中华书局》,中华书局 2002 年版,第 332 页。

考试的科目分国文、英文、常识、算数与簿记等四种。国文题目很是简便的,跟做作文一样,题目是"求学与求业"。

英文试题记分两类,(1)名词译英,共生词六个,信纸、信封、自来水笔、折扣、发票、收购,大都关于商业方面。(2)词句译汉,包括词句十一题:关于商业方面的,如 draft, bill, Here is a bottle of bright quality 等。关于常识方面的,如 season, ticket, elevator, telephone 等。

常识试题凡九个,内容无所不有,例如:(1)现在往重庆有几条路线可走?其经过重要地方试列举之。(2)你所喜欢读的书籍和杂志有些什么,列举出来并分别说明其优点何在? ……(4)"投机"与"投资"有何不同?

……

听说这次名额内定六十名,考取者分派该局账务部、编辑所、发行所等处服务。在服务期间,除支取正薪外,尚有基本津贴、生活津贴等等。将来习业期满还可升为正式职员。

揭晓约须在一月之后,因为录取名单定夺后,照例须转香港总局请核。[1]

从上述引文中,我们可以看到中华书局考试制度之

---

[1] 《申报》1940 年 6 月 24 日第 12 版。

规范,通过严格的考试选拔,那些具有真才实学、自身素质符合书局要求的人员能够"得其所",进而在工作中"尽其才"。

二、员工培训的方式

中华书局是以知识生产和传播为己任的出版企业,这在客观上要求企业员工要具有较高的文化水平。企业员工文化水平的提高可以通过对人才的培训来实现,培养的最终目的是使员工提高文化水平,更好地服务于企业的知识生产和传播。

20世纪二三十年代,上海新式工商企业蓬勃发展,资本主义精神构成上海新式企业的主旋律。投身于新式企业的资本家具有强烈的创业欲望、敬业精神和竞争意识,他们努力寻找与工人阶级的共同点,化解矛盾,减少阻力,增加凝聚力,最大程度提高劳动生产率,为经济发展带来蓬勃的生命力[①]。这种认识化为行动,主要表现在加强职工教育、改善福利待遇与生产环境、开展文体活动等方面,这在当时上海新式工商企业中十分普遍,中华书局当然也不例外。

由于中华书局是集编辑、印刷、发行于一体的大型出版企业,不同部门的员工在文化水平上存在着很大的

①忻平:《从上海发现历史:现代化进程中的上海人及其社会生活(1927—1937)》,上海人民出版社1996年版,第121页。

差异,陆费逵曾戏称"编辑者为士,印刷者为工,发行者为商"①,印刷工人和发行人员是接受培训的主体。在陆费逵的积极筹划下,中华书局于1926年9月创办了中华函授学校,公开向社会各界职业青年招生,鼓励本公司职工利用业余时间入校学习,考试成绩及格的,学费由书局负担,成绩优异的还可获得奖励;同时,书局还指定了一些学校,如中华职业补习学校等,公司职工在这些学校学习所享受的待遇与公司自办学校等同。需要指出的是,"(20世纪)30年代上海工人中有一种渴望学习、提高自身素质与处境以向上流动的倾向"②,当时工资制已在上海工商企业中普遍推行开来,学历与工资紧密关联,这激发了工人们的学习热情,因此,中华书局主动为员工提供培训的渠道与场所是尊重工人、尊重知识的表现。

以上的培训方式主要针对底层职工,是以整体的方式进行。除此之外,还有偶发性的培训方式,主要有资助员工出国深造、组织高层管理人员出国考察。

第一,资助员工出国深造方面。1924年前后,编辑马润卿、王光祈分别赴美国和德国留学,就是由中华书局资助,王光祈留德期间的著译都寄交中华书局出版,书局则从优给予稿酬,使其能生活无忧、安心学业;1936年,编辑钱歌川赴英进修,书局不但资助其全部旅费,还照发其

---

①陆费逵:《陆费逵文选》,中华书局2011年版,第310页。
②忻平:《从上海发现历史:现代化进程中的上海人及其社会生活(1927—1937)》,上海人民出版社1996年版,第158页。

进修期间的全部工资。

第二，组织高层管理人员出国考察。中华书局的当家人陆费逵具有强烈的进取意识和国际眼光，注重引进吸收日本、欧美诸国同行的先进技术和管理理念，多次亲自率队或派遣人员出国考察。

三、员工的激励方式

中华书局对员工的激励方式主要有工资激励、奖励金激励、福利待遇激励以及附股激励等。

首先，中华的员工工资待遇在业界仅次于商务，和其他行业相比居于中上水平，而高级编辑的待遇则较商务为优。当时的很多年轻人都以能到中华做事感到光荣，原因之一就是中华相对优厚的工资待遇。

其次，在奖励金方面，中华对有重大功绩的员工的奖励是非常慷慨的。舒新城在1936年4月5日的日记中曾有记述："去年公司因印刷营业特好，而瑾士对于印刷研究与发明之功至大。伯鸿去年赠以五千元特别酬劳，我尚嫌少。"当时总经理陆费逵的月薪为400元，5000元的奖励金分量是相当重的。

再次，在福利待遇上中华充分做到了"以人为本"。1920年根据《同人储蓄寿险章程》，设立了寿险部，开办同人储蓄寿险，保障同人福利。陆费逵对寿险储蓄团的益处做过详细的表述：

我们同人组织储蓄寿险,实在是一种最好的合作事业,实在是最有益于道德和将来生活的方法,实在是家庭的一种保障。

我们储蓄寿险团开办不过五年,总分局同人投保的已有一千人,资产已有六七万之多,出险过十余次,照章赔足,死者家属得这一笔款项,不无小补。团中因为没有开销费用,所以每年还有盈余。

投保的人不幸中途死了,固然可以得赔款,为身后和家属的补助;中途不死的人们,十年期满,还本之外,尚有利益,得着一笔巨款,或作子女教育婚嫁费,或造一宅小住屋,或办点公益事业……用途是很多的。况且现在由公司每年津贴保费十分之一,投保的人们和增加了一种收入一样。照此计算,期满所还之本利已在年息一分以上了。

我在储蓄寿险团投保五十份,期满之后可收回三千五百元。如果我期内不死——我自信决不死——届时一定拿出来做一种公益的事。[1]

逢有员工去世,书局还会致送治丧费与抚恤金,并担负其未成年子女的教育费用,这些措施可以让员工们后顾无忧,更激发了员工的工作热情和对书局的向心力。

---

[1]陆费逵:《我们为什么提倡储蓄寿险》,陆费逵编:《青年修养杂谈》,中华书局1926年版,第50—51页。

最后,在员工附股方面,中华对工作绩效突出的员工通过允许其认购公司股份的方式予以奖励。如总店店长李默飞,为中华编教科书出力甚多,书局便允其以编辑费1300元附股。以附股作为激励的方式,既可以留住人才,同时也可以增加书局的发展资金,对书局扩大生产规模和开展多种经营是有好处的。

四、接班人培养方式——陆费逵的企业家修养理论

接班人管理是企业人力资源管理的一个重要层面,合格的接班人能够在人事上保证企业的可持续发展。出版社是智力密集型的文化企业,兼具文化与经济的双重属性,因此,出版企业的接班人所要具备的条件是多方面的。书业经营不易,关于接班人选陆费逵曾言,"处此环境,欲罢不能,好在慢性病,一时无性命之忧。不过万一不能做事,继任人选却不可得,盖须于政治、商业、教育三方面均有相当能力与资格也"[1]。虽然中华书局没有明确的接班人管理计划,但是从陆费逵的实业家理论中,能够发现一些可循的路径。

陆费逵对个人修养问题向来十分重视,早在1914年,他就写了《实业家之修养》一书,提出了企业家所应具备

---

[1]钱炳寰:《中华书局史事丛钞》,俞筱尧、刘彦捷编:《陆费逵与中华书局》,中华书局2002年版,第339页。

的素养,这是中外经济史上最早的企业家理论[1]。此书后来多次再版,至1929年已再版8次,还被《实业致富新书》上卷以首篇收录,在当时产生了一定的社会影响。在《实业家之修养》一书中,陆费逵提出了企业家应具备"勤俭、正直、和易、安分、进取、常识、技术、经验、节嗜欲、培精力"[2]十项条件。他强调:"人苟能是十者,虽天资稍逊,未有不成功者也,十者缺一,虽天才卓绝而能成功者,鲜矣。"[3]以上是陆费逵较为系统的企业家理论,除此之外,他还提出过一些概念性的观点,比如他认为在工商界做人要具备三种条件:基本条件、本业条件和特别条件。基本条件包括有恒心、有责任心、忠实、正直、仪容整洁、有礼貌、勤、俭、互助、卫生;本业条件包括自己职务胜任、明了一切事情;特别条件包括创造力、计划、判断力、思想力、能指挥人[4]。陆费逵认为基本条件和本业条件通过努力是可以达到的,但是特别条件则必须有一定的先天条件加上后天的努力后方可具备一二。下文将就陆费逵关于企业家修养的相关理论和观点进行分析探讨。

(一)勤俭——企业家的第一准则

勤劳节俭是我国传统经济思想的重要原则之一,陆

①钟祥财:《中国近代民族企业家经济思想史》,上海社会科学院出版社1992年版,第107页。
②陆费逵:《实业家之修养》,中华书局1929年版,第2页。
③陆费逵:《实业家之修养》,中华书局1929年版,第2—3页。
④陆费逵:《工商界做人的条件》,陆费逵编:《青年修养杂谈》,中华书局1926年版,第35—36页。

费逵将它作为实业家首先必须具备的修养。他说："事业成于勤劳而毁于惰怠,生计裕于节俭而窘于奢侈,古今中外,不易之理也。"[1] 他的节俭论强调实业家应该避免将利润过多地用于个人消费,必须尽量使之转变为再生产中的追加资本,同时他还认为实业家的原始资本积累来自勤劳。陆费逵认为:"盖实业界之人,初则以勤劳获资,迨有储蓄,则可以资本获资,劳力获资有限,资本孳息无穷。……而发轫之始,赤手空拳,非藉劳力所获,铢积寸累,又无资本之可言。富有资本之后尤非勤劳不足以维持资本而孳息焉。"[2] 这反映了近代资产阶级追求价值增值的本性。

陆费逵是"勤俭"准则的身体力行者。他曾以自己的亲身经历来劝诫青年人,应当养成勤俭习性:

> 我在民国元年,本局刚开办的时候,忙得吃饭的工夫都没有。时常一面办事,一面啮冷面包。后来有时在店无暇吃晚饭,夜间另有事,又不能回家吃饭,便买一个铜元的粥、一个铜元的萝卜干,就是我的一顿夜饭。
>
> 衣着我很随便:鞋袜常是破的;夏天一顶草帽,其余三季都是一顶纱帽……

---

[1] 陆费逵:《实业家之修养》,中华书局1929年版,第3页。
[2] 陆费逵:《实业家之修养》,中华书局1929年版,第5—6页。

至于服役，我更是不辞劳瘁，不摆架子的。我初到上海，夏天的纱衣绸衣总是自己洗。[1]

在陆费逵看来，勤劳和节俭浑然一体。他认为土地、资本和劳动是经济的三要素，其中劳动居于中心地位，为经济发展之原动力[2]。劳动可分为"劳而有效""劳而无效""劳而有害"三种，企业家的勤劳自然应该要以"劳而有效"为目的。何为"劳而有效"？即"有生产之谓"[3]，陆费逵眼中的"生产"乃是产出与投入之差（正值）。勤劳之后，尚须节俭，崇尚节俭意味着珍惜辛勤劳动所创造的物质财富，体现了对劳动的尊重。只有节俭和勤劳相互为用，才能不断地创造和积累财富，儒家认为"生财有大道：生之者众，食之者寡，为之者疾，用之者舒，则财恒足矣"，这正是对勤劳与节俭互为表里的绝佳诠释。

（二）诚信——企业家的道德"高地"

诚信原则作为经济伦理，是对人的经济活动、经济行为等问题的道德思考、评价和规范，体现着经济人与道德人、经济价值与道德价值的统一[4]。实业家的道德关乎

①陆费逵：《青年修养杂谈》，中华书局 1926 年版，第 23—24 页。
②陆费逵：《经济的三原素》，陆费逵编：《青年修养杂谈》，中华书局 1926 年版，第 96 页。
③陆费逵：《经济的三原素》，陆费逵编：《青年修养杂谈》，中华书局 1926 年版，第 97 页。
④徐培华、孙煜：《陆费逵与企业家精神》，《上海企业家》2004 年第 6 期。

到整个民族资本主义经济的发展，做事先做人，实业家首
先要在道德上立于不败之地。正直、和易可以概括为诚
信原则，因为诚信体现了正确的"义利"观和以诚相待的
"爱心"。

　　正直、和易之于实业家，其意义是重大的，"正直和
易二者，尤为立身处世之要件。盖作伪舞弊，一经为人觉
察，在个人则身败名裂，不能厕身社会，在商店则信用坠
落，初时或稍获意外之利，积久终必无人过问"①。陆费逵
深感于我国实业家诚信的缺失，对此提出了批评："吾国
棉丝出口，每湿以水，冀分量之加多。外人初受其愚，今
则多舍我而购他国之货，意日之丝、美印之棉，早夺我席
矣。即使购我之货，亦必详审检查，百般挑剔，全国实业
受其害，彼作伪者宁能独免乎？"②批评是十分尖锐的，对
当时民族实业界有很强的针对性。陆费逵将正直作为经
营成功的必备条件，认为正直能够提高实业家个人和企
业的商业信用，他指出："纵观古今成功之大实业家，未
有不以正直著者。恒有朴讷之人，毫无特长，仅以正直之
故，得人信用，致成大业。而才华卓越之人，身败名裂，甚
或陷身图圄，皆不正直之故也。"通过正反举证，诚信之于
实业家的重要性不言而喻。

　　陆费逵认为实业家在人际交往中也要注意"和易"，

---

①陆费逵：《实业家之修养》，中华书局1929年版，第6页。
②陆费逵：《实业家之修养》，中华书局1929年版，第7页。

他强调:"与人交际,以和为贵。平日与人相处,和易者,人恒近之;傲狠者,人恒远之。居下而和易,可免倾轧;居上而和易,可得人心。"①

诚信原则还要求企业在产品的售前、售中、售后服务上都应把顾客放在第一位,以诚心赢得顾客对企业的关爱,使企业能够得到长远的发展。陆费逵作为中华书局的创始人,在思想上和行动上都能够将"顾客至上"作为经营的信条,他曾提出身为店员(陆费逵认为经理、职员、学徒都是店员)应具备的三项条件,第一条就是"要使顾客满意"②。陆费逵还注重以身作则,"亲自上柜台营业,能针对不同顾客的心理,分别介绍最近出版的新书内容,和复制古书古画精品来源等等,使顾客们乐于在书店里盘桓,并满载而归。在他的带动下,当时中华书局门市部的营业员都是彬彬有礼、不厌其烦地介绍图书内容,不论购买与否,都能使顾客满意地离去"③。

(三)进取意识——企业家前行的"内驱力"

实业家从事经营,要合理追求利润的最大化,实现价值增值,增加企业资本,扩大企业规模。因此,企业家必须要具有强烈的进取意识,同时也要遵循经济规律,在稳

---

①陆费逵:《实业家之修养》,中华书局1929年版,第9页。
②陆费逵:《店员须知》,陆费逵编:《青年修养杂谈》,中华书局1926年版,第41页。
③俞筱尧、刘彦捷编:《陆费逵与中华书局》,中华书局2002年版,第113页。

健的前提下追求事业的进一步发展。陆费逵将其概括为实业家的"进取"意识。

陆费逵认为实业家的进取意识缘于其内心"不满足"。他说："不满足者，人类之通性而文明进化所由来也……世界富豪，殆皆自觉不满足者。"[1] 他也注意到"不满足"是一把"双刃剑"，容易导致经营冒进等问题，要克服这种弊端，实业家就需要具备"安分"素养。陆费逵认为成功的大实业家，无不是那些能够在进取与安分之间取得平衡的人，"然其所以处彼现有之境，无不谨慎安分以保其地位，勤劳修养以靳其发展，信用渐著，资本渐多，能力渐大，自能渐次成功，以疗其不满足也"[2]。陆费逵所说的"安分"，主要是指尽职、忠诚、忍耐等品性，他还特别强调"安于现状"和"安分"不同："世人每有安分守己，惟求保现有之地位，不冀大发展者，是志行薄弱，非安分也。"[3]

从发展民族经济和扩张企业的要求着眼，陆费逵更加强调进取意识之于实业家的重要性。他指出："世界进化无穷，人之造就亦无穷，非努力进取不能登峰造极，非有登峰造极之人，则其国家社会永无由自振也。"[4] 实业家进取奋斗，其意义在于"实业家努力进取以充裕其生计。

---

[1] 陆费逵：《实业家之修养》，中华书局 1929 年版，第 10 页。
[2] 陆费逵：《实业家之修养》，中华书局 1929 年版，第 10 页。
[3] 陆费逵：《实业家之修养》，中华书局 1929 年版，第 12 页。
[4] 陆费逵：《实业家之修养》，中华书局 1929 年版，第 12 页。

夫财为万事之母,无财则百事俱废,虽有政治家、军事家、教育家,而政治、军事、教育,固莫由举,然则谓实业家为国根本可也。世尝以富豪专制为社会病,不知苟无富豪与欲为富豪之人,则利弃于地,百业不兴。彼恃富豪为生之若千万人,必无今日之幸福"[1]。从陆费逵的论述中,可以深刻感受到处于上升时期的中国近代民族资产阶级的自信心和对国家民族"舍我其谁"的使命感。

如何才能确保进取的成功?陆费逵提出了自己的主张:"进取之道有三:勇气、坚忍、准备是也。"[2]首先,在当时激荡的环境里,经营实业是需要足够的胆略和勇气的,陆费逵在辛亥革命成功前,担任商务印书馆出版部长和《教育杂志》主编,深得高层的信任和重视;辛亥革命一声枪响,陆费逵立即从商务脱离出来,商务为了挽留他曾许以每月400银元的高薪,但他不为所动,集合同人组建了中华书局,这体现了他作为一名实业家的进取意识和冒险精神。其次,经营实业的过程中会遇到各种风险挑战、困难挫折,没有坚忍的毅力是无法承受重担的。陆费逵主持中华书局三十年,多次面临"山穷水尽"的绝境,尤以"民六危机"为甚,但他以坚忍的毅力,带领同人克难克险,终于扭转了局面。最后,关于"准备",陆费逵指出:"无准备仍不能成功也。《记》曰:'凡事预则立,不预则

---

[1]陆费逵:《实业家之修养》,中华书局1929年版,第13页。
[2]陆费逵:《实业家之修养》,中华书局1929年版,第14页。

废.'天下事未有无准备而能行者,不识字读书,不能作文字书札;不习算知数,不能任会计核算。乃至各种事业,无一不需预习,苟非习之有素,即遇机会,亦不能攫为己有也。"①

除此之外,陆费逵认为要取得成功还要满足一个前提——职业与习性相宜。他说:"天资高下、性情宜否与职业有莫大之关系。其宜者乐之不疲,成功自易;若择业不宜于己,徒以自苦,难望成功。"②

（四）理论与实务有效融合——企业家的基本准则

实业家所从事的活动属于"实务"性质,但是实业家不能因此而忽略了"理论"修养,这里所说的理论是广义上的理论,主要是指实业家所习得的各种知识;实务则是指实业家从事本职工作所具备的技能和积累的经验。打通理论与实务之间的关节,是实业家获得事业成功的基本准则。

民国建立后,政府大力发展民族工商业,"实业救国"成为当时社会上的一股强势思潮。但是,实业界人士在"常识"问题上普遍认识不足,陆费逵分析道:"吾国实业界人物,最缺乏者厥为常识。惟其缺常识也,故观察力不足,从事虽久而经验不如人之深;惟其缺常识也,故补助科学不足,习业虽专而技术不及人之精。"③陆费逵所说的

①陆费逵:《实业家之修养》,中华书局1929年版,第15页。
②陆费逵:《实业家之修养》,中华书局1929年版,第16页。
③陆费逵:《实业家之修养》,中华书局1929年版,第18页。

"常识"指的是实业家所应该具备的相关门类的知识,其知识结构要具有现代意义并且科学合理,对此,他进行了具体的论述:"书札、算术、簿计、商品、实业地理、应用博物理化、外国语文、普通法规、财政学、经济学以及手工图画,实业家之常识也。"[1] 在其所列举的各科知识中,外语学习是十分有必要的。上海开埠日久,外商外资的进入是上海实业界较突出的经济现象,陆费逵认为实业家应该掌握基本的外语知识,方便业务的开展,有利于开阔实业家的国际视野。

实业家的理论素养能够帮助实业家在"实务"活动中取得成功。技能和经验是实务的两个重要领域。陆费逵认为实业家应该"干一行,精一行",而且不能只关注本专业的技能,对同行业内临近专业的技能也要有所了解和研究,以便能够适应不同岗位的要求,在面临转岗或升迁时做到"有备无患"。

经验来自实践,丰富的实践经验能够提升实业家的判断力和预测力,使企业的发展更为稳健,方向更为明确。在由传统社会向近代社会的转型时期,国人或以为"文人万能",或以为"留学毕业即可应用"。实业界不重视实践经验,而陆费逵的认识十分清醒,他呼吁实业界破除这些与客观规律相左的观念,充分意识到实践经验的重要性。他认为实践经验的丰富与否应该成为衡量实业

---

[1]陆费逵:《实业家之修养》,中华书局 1929 年版,第 18 页。

人才的一个重要指标，"上焉者以学理为基础，经验愈深，能力愈大；次则无学理而有经验，尚可以经验所得循规蹈矩为之；若无经验而仅有学理，即使不至纸上谈兵，而以事业为试验品，不能不为资本惜，尤不能不为实业前途危也"[①]。因此，陆费逵在选拔人才时，不唯学历是举，而是注重实际才干。有一次书局招人，在应聘者里面有一位大学生本来通过了笔试，但是经过陆费逵的亲自面试，这名大学生竟没有通过[②]。陆费逵之重视实践，由此可见一斑。

(五)节欲以强体——企业家的"硬件"素养

企业经营活动充满了激烈的市场竞争与挑战，存在着各种变数，企业家如果没有强健的体魄，则不足以应对复杂局面。因此，企业家节制欲望，既是出于加强自身道德修养的需要，也是实业经营活动的现实需要。

当时实业界中有不少人纵情于声色犬马，陆费逵对此提出了尖锐的批评，他认为纵欲会给自身与事业带来危害。同时，他也承认欲望是客观存在的，但应该因势利导，"饮食、男女，人之大欲存焉。人安可以无欲？人苟无欲，则无希望，百事皆无人为矣。然天下之事适合者为善，过则为恶。故嗜欲不可不节也，男女之欲，限于家室；酒食征逐，限于酬酢；车服狗马，限于自己之身份。第能

---

①陆费逵：《实业家之修养》，中华书局1929年版，第24—25页。
②孔令仁、李德征主编：《中国近代企业的开拓者(上)》，山东人民出版社1991年版，第614—615页。

如是,则可以立身,可以宜家,可以健体,可以成业"[1]。

以上便是陆费逵的实业家修养理论的主要内容,其意义在于强调实业家应该注重各方面的修养,以增强自身的实业经营能力,更好地担负起实业救国的使命与职责。陆费逵的实业家修养理论还体现了一种蓬勃向上的企业家精神,诚如陆费逵所说,"实业家为国根本",肩负着富国强民的使命,不能不以此自励。

在陆费逵有关企业家精神的论述中,进取、创造和献身精神具有鲜明的时代意义。进取精神,一定程度上也可以表述为冒险精神。"企业家绝不仅仅是一个民族既有的冒险精神的产物,它同时反过来又诱发这个民族的冒险精神。"[2] 企业家以冒险精神从事实业活动,以他们的成功鼓舞和引导民众相随而行。企业家敢于挑战旧秩序旧观念,通过企业经营活动促进经济繁荣,使社会更趋进步。因此,时代需要真正的企业家。

企业家还应该具备献身精神,将企业当成自己毕生追求的事业。民国时期很多投身书业的人士,如张元济、王云五、陆费逵、章锡琛等,在今天看来,他们不是一般的出版商,而是出版家,这是因为"他们不仅仅是以出版为职业,为谋生手段,而是将其作为安身立命、立功

---

[1] 陆费逵:《实业家之修养》,中华书局1929年版,第28页。
[2] 张维迎、盛斌:《论企业家——经济增长的国王》,人民出版社1989年版,第130页。

立德的志业,是一种人生为书、书为人生的崇高境界"①。陆费逵就是把出版作为毕生事业的企业家,他说:"我非习商出身,虽经营书业,然与普通商业不同。我曾经说笑话谓:'书业是士、工、商之结合物。'故我只可谓办事业,不能谓为营商业。"②所谓"事业",是指人们所从事的,具有一定目标、规模和系统的对社会发展有影响的活动。张元济曾用一首诗表明他投身出版业的缘由:"昌明教育平生愿,故向书林努力来。此是良田好耕植,有秋收获仗群才。"陆费逵亦是将出版作为实现"教育救国"的毕生事业,献身书业三十余年,始终不改本志,坚守出版事业,为后人留下了一座宝贵的文化重镇。

陆费逵提出实业家修养理论,其目的在于为正在从事或有志于从事实业的人士培养自身修养提供理论指南,使实业家整体面貌能够有令人振奋的改观。他理想中的接班人也应该具备以上素质。

第二节　严密科学的财务管理

企业的财务管理,是指企业对生产经营活动中的各

---

①范军:《略论出版业经营管理类领军人才的企业家精神》,《出版发行研究》2012 年第 11 期。
②陆费逵:《我对于商业人才之意见》,陆费逵编:《陆费逵文选》,中华书局 2011 年版,第 374 页。

种资金的形成、分配和使用进行计划、组织、协调、控制管理的总称[1]。中华书局的财务管理在1917年以前较为混乱,1917年以后逐步建立起完整严密的财务管理体系。

中华书局初期的领导班子由6个人组成:陆费逵、戴克敦、陈寅、沈颐、沈继方和沈知方。陆费逵和沈知方都是出版业难得的"多面手",精通出版与发行,戴克敦、陈寅、沈颐以前均是商务印书馆编译所的职员,"沈继方在商务从事保管等事务,对出版业务不会太精通。他原先能拆借资金的本领因为自己破产之后也难施展"[2],因此在6人中除了沈继方,其他人对财务管理均不在行。沈继方于1913—1916年任中华书局监察之职,1916年病逝于任上。

1917年,中华书局在经济上发生了极大的困难,称为"民六危机",中华财务管理上的混乱在这次危机中彻底暴露出来。在"民六危机"中,常州士绅吴镜渊以垫款人身份进入中华书局,继由股东查账代表当选为监察、驻局监察、驻局董事和常务理事,负责对企业进行改革,对分局进行整顿。吴镜渊"深知经济是企业的命脉,首先要杜塞漏洞,掌握稽核这一关,于是董事会议决:'公司逐日帐目,应由监察检阅,月终将支款凭证交由监察审核无

---

[1] 李启明主编:《现代企业管理制度》(第四版),高等教育出版社2011年版,第287页。

[2] 汪家熔:《旧时出版社成功诸因素——史料杂录(之二)》,《出版发行研究》1994年第4期。

误,应于总结处盖印,年终于总清各款总结处盖印。'又为健全帐务制度,全权委托监察吴镜渊办理。后来又于监察之下设稽核处,由吴镜渊任主任,其下分设核算员、稽核员,对于总分店和各分局严加稽核各部帐目"[①]。吴氏善于理财,在汉冶萍查账案中颇有名声,他对待工作又极认真负责,"吴老先生到中华后,办事严明细致,确实使人钦佩。大事不用说,就是连一只痰盂都要编号入册,有专人负责管理"[②]。

经过吴镜渊的一番努力,中华得以建立起较为严密、科学的财务管理制度。由常务理事吴镜渊代表董事会对企业进行财务监管和审查,后来这也成为中华书局的定例。此后的中华书局虽然也遭受过一些波折,但是在财务管理方面始终没有出现大的问题,这得益于吴氏对中华的财务管理系统的改造。

第三节　精品化与多元化的生产管理

中华书局在生产管理上有两个突出的特点,其一是产品生产的精品化管理,其二是生产经营的多元化管理。

[①]吴中:《我所知道的"维华银团"》,中华书局编辑部编:《回忆中华书局》(上编),中华书局2001年版,第213页。

[②]吴中:《我所知道的"维华银团"》,中华书局编辑部编:《回忆中华书局》(上编),中华书局2001年版,第214页。

一、产品生产的精品化管理

中华书局到现在仍然被人们认为是高品质的学术出版机构,这与民国时期书局所坚持的精品化管理是分不开的。中华的精品化管理贯穿于图书的编辑、印刷、发行等各个环节,图书的文字出错率被控制在极低的范围,在图书版式设计、装帧、用纸等方面,中华也达到了业界的领先水平。

当时中华为了在图书的印刷质量上取胜,花重金从美、德等国进口了一批先进的印刷设备和白度较高、强度较好的道林纸,使中华的图书在形式上得以取胜。形式的精品化还需要图书内容的精品化来相呼应,这从《四部备要》《古今图书集成》《辞海》等大部头图书的编辑出版过程中可以窥见一斑。这些大部头图书编辑出版工作的参与人员多、持续的时间长、耗费的资金大,可以说是"旷日持久",因此要将精品化管理贯彻始终,客观上来讲是一个管理难题,但是中华的同人用主观上的努力化解了这个客观上的难题。总的来说,这些大部头图书编辑出版过程中的精品化管理可以归纳为以下两点。

第一点是工作的计划性强。以影印《古今图书集成》为例,"影印这样一部大书,其工作量相当巨大而又艰巨,必须配合出书时间组织各个环节协调进行,在编辑出版部门挖潜力,并指派人员业余加班,相互合作,分工负责,共同努力来完成出书任务。属于编辑部门的工作,由舒新成(城)所长领导……属于出版部门的工作由陆费叔辰部长领导"①。又如《辞海》,由于已经有商务的《辞源》"专美在前",所以《辞海》要想后来居上就必须要在内容上有所创新,中华为了全力打造《辞海》,在前期做了大量的准备工作,直到1928年才由舒新城开始正式主持《辞海》的编辑工作。1930年舒新城改任书局编辑所所长,无力兼顾,进展不符合理想,于是陆费逵又聘请当时在北京中国大辞典编纂处的沈朵山来主其事。沈到任后,锐意革新,制定了周密的工作计划,重新调动人员,终于在1936年上半年出版了《辞海》的上册,下册于1937年出版。要是没有周密的计划,完成这样浩大的精品图书出版工程是难以想象的。

第二点是严格的全程质量把关。中华的图书注重精编精校,编校质量之高获得了文化界和教育界的认可。《四部备要》的编辑出版就是一个很好的例子。在《四部备要》之前有商务的《四部丛刊》,前者不同于后者的地方就在于前者注重实用而非版本,因而《四部备要》选用的版本是经过清代学者校勘、考证的印本。《四部备要》在编印之初就请宿儒悉心校对多至10余次,对原书中的讹误之处进行处理,出版后又多次勘误。到1934年重印时,中华书局在《申报》上刊登了一则广告,称如果在《四部备要》中发现一个错字就能获得10银元的酬金②,这一

①孙荦人:《〈古今图书集成〉影印经过》,中华书局编辑部编:《回忆中华书局》(上编),中华书局2001年版,第168—169页。
②《申报》1934年3月22日第4版。

事情传为了书业界美谈。全程质量把关,是中华实行精品管理、打造精品图书的要诀。

二、生产经营的多元化管理

中华书局的主营业务是图书出版,在主营业务之外又兼做其他经营,如发展印刷业务、发行期刊、经营文具仪器、开办教育培训机构等。这些副业不仅为中华书局带来了可观的经济利益,同时也产生了相当的社会效益。中华书局的多元化经营势必要求生产管理上的多元化,中华书局生产经营的多元化管理是基于这样的经营理念:书业为主,印刷为辅,多业互补。

中华书局首先是一家以知识生产和传播为己任的文化企业,这是中华书局生产经营的重心。中华稳居民国出版业第二的位置,在图书出版的品种和质量上同商务印书馆展开竞争。从 1912 年至 1949 年,中华共计出版图书品种数为 5908 种,约占民国出版物总数的 14%。

印刷业是中华一大经济支柱。中华的印刷业务营业额在总营业额中占据着很大的比例,1936 年以前所占的比例大概在 20%—30%,"1936 年 5 月至 1941 年 12 月太平洋战争爆发的 6 年间,共计承印钞券 21 批,营业额累计达 2800 余万元,平均每年营业额达 470 余万元,约占中华书局总营业额 45%"[1]。印刷业虽然是中华的经济

①俞筱尧:《陆费伯鸿与中华书局》,俞筱尧、刘彦捷编:《陆费逵与中华书局》,中华书局 2002 年版,第 232 页。

支柱,但其定位仍然是辅业,原因就在于中华的定位是提供内容的文化企业。

　　发行期刊、经营文具仪器、开办教育培训机构等是作为中华的补充业务而存在的,这些副业一方面为中华带来了经济利润,另一方面则是扩大了中华书局在文化界和教育界的影响力,从而为中华书局的品牌增值。

第四节　发行渠道管理

　　当今的出版界有"渠道为王"的说法,事实上,民国时期的出版界对此体会得更为深刻,在实践中也摸索出了一些成功的路子。中华的主要创办人都是从商务中脱离出来的,商务的发行渠道在业界做得很成功,主要包括创办分支局、设立"特约经销处"、添设"通信贩卖部"。中华书局在发行渠道管理上借鉴了商务的做法,同时又根据自身情况有所改进。

一、创办分支局

　　中华书局靠着《中华教科书》系列迅速抢占了部分教科书市场份额,开始和商务印书馆分庭抗礼。中华能够迅速打开市场,站稳脚跟,与其广设分支局是分不开的,即曾在北京、天津、奉天、南昌、汉口、广州、杭州、南京、温州等九处设立了分支局。限于人力和财力,又为了快速打开局面,中华书局初期曾广泛采取和当地士绅合资开办分支局的方式，如九处分支局中，就有南京、奉天、北京、天津、杭州等五处是以这种方式开办的，随着中华书局实力的壮大，合办书局也就陆续收回自办了。到1949年10月前，中华在全国各地所设立的分支局已有40余处，其中只有济南教育图书社和青岛分局仍是合资设立的。

中华对分局的监督管理颇为严格，印有两本《办事通则》，作为管理分局的规章制度；将全国的分局分为若干区，每个区设监理人，以便就近监督分局；对分局的视察是一项常规的工作，如1936年6月专门制定了"视察分局简章"十四条，通告施行。分局的主要任务就是推销本版图书，推销的手段可以归纳为三种：一是依靠当地旧书店代为推销，这需要给回扣；二是依靠当地中小学校长，因为校长手中握有一定的教育资源，对教材的选用有决定权；三是依靠当地乡绅，请他们向中小学施加影响。

选择分局经理有一套严格的标准，"（一）品德较优，（二）文化水平较高，（三）是本业的内行，（四）要懂一点经济"[1]。总店、分局、印刷所是中华利润的三大来源，其中尤以分局为大，从1921年至1935年，分支局对利润的平均贡献率为35.61%。分局的重要性对中华来说是不言而喻的，因而中华在分局经理的选择上也就慎之又慎。

---

[1] 陈世觉：《我的回忆》，中华书局编辑部编：《回忆中华书局》（上编），中华书局2001年版，第178页。

二、设立"特约经销处"

中华书局创立后的头几年,业务呈"井喷式"发展,为了铺设遍及全国的发行网络,除了建立分支局外,设立"特约经销处"也是一种有效的形式。全国有不少城市都设立了特约经销处,或者有独立招牌,或者挂"中华书局×记",称"挂牌分局",如扬州的"中华书局峻记"。这些特约经销处由于地处中小城市,市场份额有限,所以既做零售也做批发,有效填补了市场空隙,形成比较完整的发行网络。

三、添设"通信贩卖部"

"通信贩卖部"是通过邮政系统来满足顾客对图书、文具、仪器等需求的零售发行机构。1917 年,中华在《申报》上刊登了相关广告:

本局现为方便内地顾客起见,特设通信贩卖部于上海总店,不独本局出版之件可以函购,即上海各种物品亦可代买,办法如下:

贩卖品:(甲)本局出版书籍、仪器、文具、笔墨、信笺、信封、名人对联、画屏、折扇及欧美原版书籍……(乙)上海书肆出版图书;(丙)各药房药品及一切饮食衣着品……①

---

① 《申报》1917 年 2 月 16 日第 1 版。

"通信贩卖部"主要经营零售业务，既销售本版图书也销售非本版图书，同时还兼售其他学习或生活用品。这种零售形式的发行渠道是对书局批发渠道的一种有益补充。今天的出版企业虽然仍以批发业务为主，即面向新华书店系统、民营书店系统、当当等线上线下发行渠道批发书籍，但零售业务也迎来了发展的契机，这个契机就是"新零售"。"新零售"这一概念的首次提出是在 2016 年的云栖大会上，马云提出零售业在未来将会以线下、线上、物流结合的形态存在和发展。得益于新一代互联网技术、互联网金融和物流业的强大支撑，出版业与其他行业一样迎来了开展零售业务的契机，当下火热的直播卖书就是出版企业新零售的一种典型形式。面对当当等电商对出版企业利润空间的挤压，出版企业开展新零售业务，既有可能从电商的围堵中突围而出，也能通过为读者服务而树立自身良好的公共形象。

第五节 危机管理

危机管理是指组织机构在正常的生存和发展过程中，针对可能面临或正在面临的危机，为了预防和消除系统内的不平衡状态所进行的一系列管理活动的总称，目的在于消除或减少危机，乃至变危险为机会[1]。危机管理作为一种理论出现于 20 世纪 60 年代，但是有关危机管

---

[1] 董传仪：《危机管理学》，中国传媒大学出版社 2007 年版，第 17 页。

理的实践要远远早于其理论。中华书局在民国时期经历过多次风波,见表4-1。

表4-1　中华书局的危机事件(1912—1938)

事件	持续时间
《大中华》版权纠纷	1916.7—1917.9
民六危机	1917.5—1918.12
《日本人之支那问题》纠纷案	1919.7—1920.2
停业风潮	1927.3—1927.8
《武昌革命真史》被禁毁	1930.3—1930.10
《闲话扬州》惹风波	1934.6—1934.10

以上是民国时期中华书局所遭遇的较有代表性的危机事件,中华书局最终都妥善处理了这些危机,化险为夷,其危机管理实践对今天的出版界是有参考价值的。

一、危机事件的管理实践

(一)《大中华》版权纠纷

1915年,中华书局创办《大中华》月刊,聘请梁启超任主编,该杂志为当时重要的政治刊物。梁启超在《大中华》上发表了多篇文章,其中影响较大的有《中国之前途,国民之自觉心,本报之天职》《异哉所谓国体问题者》《辟近日复古之谬》等。1916年7月,中华书局策划出版《饮冰室全集》,梁启超在《大中华》上发表的文章被收入文集中。梁启超曾有"言论界之骄子"的美誉,拥有为数甚众的读者群,无疑是"金牌作者"。因此,有多家出版社同时推出了类似的文集，收录了梁启超发表在《大中华》上的文章，这其中就有普新书局和商务印书馆。而中华书局宣称对《大中华》拥有全部版权，其他书局的文集收录《大中华》上的文章是侵权行为。《大中华》的版权纠纷就围绕着中华书局、普新书局、商务印书馆和梁启超而展开。

1916年7月，中华书局在报上刊登《饮冰室全集》的发售预约广告，与此同时，商务印书馆也发售预约《饮冰室丛著》，普新书局刊行《梁任公文萃》。普新书局本有一半的内容辑自《大中华》，而商务本也收录了《大中华》上的梁氏文章，因此，中华书局决定先拿普新书局开刀，而真正的目的在于震慑商务印书馆。1916年9月，中华书局在报上刊登声明：

> 本局前因普新书局刊行《梁任公文萃》，所出样本半系本局《大中华》杂志文字，迭与交涉，该局任意支吾，最后该局登新闻报，告白谓将《梁任公文萃》停止出版，已购预约者凭券发还原价，但不认有剽窃翻刻，且多无理取闹之言。本局为保护版权起见，检齐证据向会审公堂起诉。八月二十九日，经公堂传讯，普新书局抗不到案，堂上谕令再传，并声明被告不得翻印出售云云。特此布告。再，本局今再声明：《大中华》杂志版权完全为本局所有，《庸言》报版权在债务未清之前，版权亦为本局所有。无论何人翻

刻剽窃，本局定必追究。①

　　商务方面对于中华书局声明真正的意图很明了，"中华与普新交涉，意似指我"②。商务的《饮冰室丛著》系梁启超亲自编定，收录了《大中华》和《庸言》③上的文章，而中华书局声称对这两份期刊拥有版权，两份期刊的主编均为梁启超。因此，梁启超是否对自己发表在这两份期刊上的文章拥有版权，成为事情的关键所在。商务方面找梁启超了解情况，梁氏认为中华刊登的声明存在不实之处，他表示《庸言》虽然向中华书局借款 3000 元，但并未抵押给中华，因此，他拥有《庸言》的版权；至于发表在《大中华》上的文章，他曾与中华方面约定，自己编定文集之时，仍可采用。

　　但是，中华书局方面并不认可梁启超的说法。张元济在日记里对此有记载："陆伯鸿午后约五、六点钟来。出示任公复催赎庸言信，又示庸言及大中华两契约。言大中华文字，任公自刻文集，可以编入之说，契约上并未载明。当时系口头声说，王仰先含糊应允，将来总可商量云云。此时在法律上不能有效。"④ 因此，从法律上来讲，

①《申报》1916 年 9 月 5 日第 1 版。
②张元济：《张元济日记》，商务印书馆 1981 年版，第 115 页。
③《庸言》系梁启超 1912 年创刊于天津。初为半月刊，1914 年改为月刊，同年 6 月停刊。
④张元济：《张元济日记》，商务印书馆 1981 年版，第 124—125 页。

《大中华》的版权归中华书局所有,其他书局将梁启超发表在《大中华》的文章收入各自出版的文集中是侵权行为。由于梁启超是享誉已久的社会名流,且于 1916 年 6 月股东会上新当选为中华书局董事,中华方面不想与梁启超为难,转而与商务印书馆进行交涉。为了大事化小,中华方面提出了折中办法,即商务印书馆若采用《大中华》上的文章,必须获得中华书局的特别许可。商务方面拒绝了这项提议,其理由是《饮冰室丛著》由梁启超自行编辑,文责在梁氏,中华方面若有异议,应该直接与梁启超沟通。

事情陷入了僵局,与商务印书馆和梁启超对簿公堂似乎成了唯一的选择。但是中华书局没有这么做,而是试图用自己的善意换取对方的妥协,陆费逵在拜访张元济时表明了态度:"此时只能论交情,亦断无控诉任公及控诉商务之理。"但张元济则认为,"任公既经声明在先,当然占有著作权之一部分"[①]。1916 年 9 月底,两家各自出书,此事最终不了了之。

(二)民六危机

中华书局自 1912 年成立后,业务上突飞猛进,企业规模迅速扩大。到 1916 年,公司资产已增至 160 万元,5 年的时间里,中华书局的资本翻了 6 倍多。公司将大量

---

①张元济:《张元济日记》,商务印书馆 1981 年版,第 125 页。

资金投入固定资产中，在静安寺路兴建总厂，在河南路口兴建总店大楼；花重金添购印刷机器，并派遣人员出国学习和研究先进的印刷技术。"膨胀即恐慌"，在这一派繁荣的景象背后，危机出现了。1917年春，为减轻与商务竞争带来的压力，中华方面希望与商务印书馆开展联合经营，但商务董事会内部对于此事意见不一。1917年3月至5月，双方虽然进行多次谈判，但最终未能达成一致意见，联合经营一事遂作罢。在谈判的过程中，外间谣言风起，以为中华书局即将破产，当年5月，存户们纷纷前来提取存款，几天之内提取现金达八九万元，此时又发生了副局长沈知方挪用公款3万元进行投机、长沙分局经理挪用公款2万元等事件，使得事态更加恶化，中华书局资金周转失灵，业务陷于停顿，公司几至于倒闭。

危机发生后，中华方面和衷共济、群策群力，迅速采取"止血"措施。6月，中华书局在上海市总商会召开股东常会，决议将中华书局出租，以获取清偿债务和日常生产所需的资金，由吴蕴斋、史量才组织新华公司承租，首付定洋15000元。中华书局得以缓过一口气，生产开始缓慢恢复，厂方加紧赶印秋季教科书，并在报上登广告告知同行：

近承各同行纷纷函询，本公司对于秋季应用各书，现正日夜赶印，各分局已陆续发出，绝不误期。

各同行可就近向各分局配货,万勿为造谣者所误。①

11月,新华公司要求废除承租契约,将全部财产交还中华书局董事会。中华方面接受了新华公司的要求,将书局收回自办②。12月,召开临时股东会,募集优先股;改选董事、监察,同意陆费逵辞去局长职务,常州士绅吴镜渊当选为监察。之后,吴镜渊对企业的组织机构和财务制度进行了大改革,逐渐建立了一套科学完整的财务管理制度。危机发生后的半年多,中华书局日常生产经营资金缺口一直较大,为了解决此问题,1918年4月,大股东吴镜渊、俞复等出面组织了"维华银团",筹得款项12万元,使中华书局的"现金流"逐渐充沛起来。到1918年底,中华书局逐渐走出了"民六危机"的泥淖,书局元气得以恢复。在1918年12月的股东会上,陆费逵以最高票数重新当选为公司董事。

（三）《日本人之支那问题》纠纷案

商务印书馆创办于1897年,起初资本只有3750元,到1901年增至5万元。1903年,日本出版商金港堂准

---

① 《申报》1917年8月8日第1版。
② 中华书局出租给新华公司,其实是中华书局董事会为了安抚债权人情绪而演的一出"戏"。当时,书局资金断流,债权人纷纷索债,公司面临破产清算的绝境,而将公司出租可以让债权人看到一丝希望,从而稳住债权人的情绪,消除了公司恢复经营的内部隐患。

备来上海开办印刷公司。当时商务印书馆设备落后,不足以和金港堂竞争,于是商务方面决定与金港堂联合经营,利用日方的资金与技术壮大自己,等待时机成熟再收回全部股份。经过印有模介绍,双方于 1903 年 11 月 19 日签约,日方与商务各出资 10 万元,联合经营自此开始。1912 年民国成立后,受时局影响,商务决定收回日方的股份,经过两年多艰苦的谈判,日方终于同意退股,但条件十分苛刻:原先的 10 万元股份作价 378000 余元售出。商务接受了日方的苛刻条件,双方于 1914 年 1 月 6 日签订了日方退股协议。至此,商务印书馆为完全华商自办企业。

1919 年 7 月,中华书局出版了一本名为《日本人之支那问题》的译著,该书本是日本杂志《实业之日本》专刊,其中有一节仍将商务印书馆列为中日合资公司,中华书局的译本对此未做处理,照原文译出,因此引起了商务印书馆的强烈不满。双方在报纸上竞相登广告进行"唇枪舌战"。先是商务印书馆于 7 月 19 日登报悬赏 1000 元查究事情真相:

> 本馆前以日本某报载有中华道人撰述,列举中日合股之公司,而以本馆列入其中,正深骇异,当向该报声明,业已得覆,允为更正。近闻本埠有人将该报译成华文,印刷多数,分寄各界。按:本馆于民国三年一月六日将日股全数收回,呈部立案,并有纪念

赠品,登报布告。是本馆之为完全华商,举国皆知乃事。隔数年尚有借此以为诬陷,其用心不问可知。本馆不能坐视,特登报布告:如有人能查明此项单件在本埠何处、印刷由何人指使、用何法递寄各界,交出各种真正证据,经本馆查究得实者,当以现洋一千元为酬。[1]

《日本人之支那问题》既已由中华书局公开印行,商务印书馆岂能不知其印件所在、印刷者何人,之所以明知而故为,其目的是激中华书局出来"应战"。果然,翌日中华书局就在报上回应此事:

> 昨报载商务印书馆赏格广告,读悉。切查中日合股事业及其经营者一篇,系日本《实业之日本》杂志本年六月十五日发行之特别号所载。本局将该号各篇译成华文,名曰《日本人之支那问题》,以供国民对日之研究。其中有一段涉及该馆,本局照原文翻译,未曾删去,抱歉何似。至赏格所查各节申明如左:(一)系中华书局印刷所印刷;(二)系中华书局编辑所译行,并未受人指使;(三)系卖品,由邮政及转运分运各省;(四)凭据存中华书局总厂。至赏格酬洋一千元,当捐入全国学生联合会,望该馆送交该

会为幸。①

　　隔日,商务印书馆便在报上刊登题为"水落石出"的广告,将中华书局的回应解读为其承认对商务进行诬陷,同时还给中华方面发函,要求中华在每本《日本人之支那问题》误载之处的段后用大字更正。中华方面回应称愿将更正文字补刊于译本卷首,但对于商务的解读不能认同,7月22日在报上与商务进行辩驳:

　　　　今日报载商务印书馆"水落石出"广告,敬答如左:(一)《日本人之支那问题》系本局光明正大之出版并无暗昧,何谓水落石出? 贵馆是否中日合股自有水落石出之日;(二)本局印行《日本人之支那问题》,系就日文翻译,原出版者系日本杂志界大王《实业之日本》社,当非无责任者,可比本局,仅事译行,何所谓诬,何所谓陷? (三)本局印行之《日本人之支那问题》,自译、自印、自售,有何承认与否之可言? 贵馆大登告白悬赏一千元,本局应赏答复将赏格一千元指捐全国学生联合会,是否送去,贵馆亦未提及,岂贵馆不承认己所悬之赏格耶? (四)贵馆来函谓"《实业之日本》误载贵馆为中日合股公司,请求更正"一节,本局为顾全同业情谊起见,将来函补

──────────

① 《申报》1919年7月22日第1版。

刊该书卷首。惟贵馆告白所谓借此诬陷云云,未知何指应,请登报声明。

中华书局坚持认为自己只是从事译印,绝不承认诬陷之说;商务提出对译本中的误载之处进行更正,中华方面则同意将文字补刊于译本卷首。因此,7月25日,商务登报表示,中华处理此事的态度和方式违背了商务印书馆顾全同业情谊的意愿,商务唯有诉诸法律来维护权益。至此,和解谈判破裂,双方对簿公堂。这场官司的原告是商务印书馆,原告代表为张元济;中华书局是被告,被告代表为陆费逵。从1919年12月6日首次开庭至1920年2月最终判决,其间有过六七次开庭辩论,最终判决结果是中华书局败诉,中华赔偿商务名誉损失费一万元。

对于这起纠纷,中华书局应该负主要责任。1914年,商务印书馆收回日股后,曾在《申报》等大报的显要版面做了大篇幅的宣传,确是人所共知的事。中华书局在翻译的过程中,对原文中的误载有校正的责任。况且,1919年发生了"五四运动",国内反日情绪高涨,抵制日货、推崇国货,此时中华书局推出的译著中包含的不实信息,对商务的声誉会有很大影响,直接导致其业务缩减。

(四)停业风潮

1927年,在北伐战争的影响下,上海的局势发生了急剧的转变,工人依托工会组织,显示出空前的力量和觉悟。受时局波动影响,物价日益高涨,工人要求加薪的呼声风行上海。在此背景下,中华书局遭遇了其民国经营史上继"民六危机"之后的又一大危机。

1927年3月26日,中华书局总店职工向董事会提出增加工资、改良待遇的申请,但是董事会予以拒绝。总店职工遂于4月4日全体罢工,向资方进行抗议。嗣后不久,总办事处、编辑所和发行所在公司职工会的号召下也加入了罢工的行列;印刷所并没有加入到罢工行列中,而是借力市印刷总工会向书局施压,通过谈判来争取工人的权益,成效十分明显。同时,为了团结各部门之力,避免被资方各个击破,印刷所、编辑所、总办事处、总店及文明书局于4月11日在总厂召开全体职工大会,达成协议:各部条件未解决前,决不单独复工;继续谈判印刷所未能解决的条件。各部门在罢工问题上的一致行动给公司董事会造成巨大的压力,为公司发展前途计,董事会开始积极筹划一劳永逸地解决各部工潮的方案。4月14日,董事会公布《中华书局改定待遇办法》,"指出此前待遇不能从优原因有二:一则工作不能安心,效率难以提高;二则高才不甘屈就,无从多集贤良。董事会承认公司同人此次所提要求,实因时势所迫,并非无理取闹"[1]。公司董事会认为各部所提待遇条件,都从自身实际出发,较为合理。因此,公司决定尽量满足工人们的要求,充分照顾底

---

①丁希宇:《1927年中华书局的劳资纠纷》,《文史天地》2012年第5期。

层职工的利益,提出两项原则:八小时工作制、普遍加薪二成。同时还规定公司在经济困难时,裁员、减薪、停业事项必须与工会共同商定。公司在处理此次工潮事件的过程中做出了让步,显示出较大的诚意,各部工人对此是满意的,遂择定 16 日一律复工。

如果时局平稳,劳资双方是有可能遵守 4 月订立的《中华书局改定待遇办法》的。但 1927 年是多事之秋,受大革命影响,中华书局北方地区业务受到冲击,营业不景气;大客户南洋烟草公司印件减少,利润缩小,公司的收支状况令人十分担忧。大革命使政府充分重视劳资关系尤其是工人运动的威力,"从 1927 年 4 月起市政府即颁布了一系列有关法令法规,如《上海劳资调节条例》《上海解决工商纠纷条例》《职工待遇暂行规定》《职工服务暂行规则》《学徒暂行规则》等等,对劳资双方的责、权、利、生产条件、劳动保险以及工人的年龄、最低工资率、福利待遇诸如产假、津贴、抚恤等都作出了明确规定"[1]。是年,上海市政府设立了一些机构,专门处理劳资纠纷,如劳资仲裁委员会、市区党部、农工商局及地方法院。政府的法令法规减少了资方处理劳资纠纷的随意性,因而对工人是有利的。在政府政策的支持下,印刷工会一再要求加薪。此外,董事会在行使职权时受到工会及国民党

---

[1]忻平:《从上海发现历史:现代化进程中的上海人及其社会生活(1927—1937)》,上海人民出版社 1996 年版,第 176 页。

上海市党部的制约：当董事会开除工会常务委员顾洪元时，工会和党部责令董事会让顾复职。公司可谓是陷入了"内外交困"的境地。

7月2日，董事会开会商讨对策，陆费逵在会上报告："照上年营业状况，每月盈利平均一万余元，工资增加已尽此数，效率减低，收益更短。今春以来营业锐减，搁货既多，垫本难继。本月上旬一切开销，为数甚巨，请先决财政办法。"[1]董事会决议的结果是："经济支绌，用人困难，董会力薄，支持乏术，本公司以7月为年度开始，本年度是否继续营业，公推董事孔祥熙、吴镜渊、监察徐可亭为善后委员，调查研究，再定办法。"[2]7月3日，上海各大报刊出《中华书局紧要启事》，宣告自本日起暂停营业，并公布董事会7月2日议案的全文。

中华书局突然宣告停业，立即在各界引发轩然大波。公司职工、中华书局地方分局、市农工商局、市党部、地方法院、工统会、总商会、商民协会、沪上媒体等机构和团体都参与其间，本来应该是中华书局劳资双方的纠纷却演变为沪上的"公共事件"，各方都希冀事件能朝着良性方向发展。

7月4日，印刷所、编辑所、发行所及总办事处在民厚

---

[1]钱炳寰编：《中华书局大事纪要（1912—1954）》，中华书局2002年版，第84页。

[2]钱炳寰编：《中华书局大事纪要（1912—1954）》，中华书局2002年版，第85页。

里组织临时职工联合办事处，作为统一行动的机构，联络社会各界获取支持，同时要求职工静待解决，不要有越轨行动。职工联合办事处从各部抽调精干人手开展工作，办公时间为每天上午9时至11时，下午2时至4时。商务印书馆职工会听闻中华书局停业消息，派四名代表于当日下午4时到哈同路民厚里进行慰问，除设法救济罢工工人外，商务职工会还决定在报上发表宣言，强力援助中华工友。

7月5日，职工联合办事处派代表分别向市农工商局、市党部、工统会（即工会组织统一委员会，由上海总工会改组而来）、总商会等处投递呈文，当日《申报》全文刊载了该呈文，择要如下：

> 本局董事会无故骤然解散全体职工，并扣留到期应给发之薪金，使属会职工一千六百余人立时失业，甚至有一食为难者。现属会虽已登报严诫职工同人静待解决，毋为轨外行动，倘或告诫无效，在租界内发生事端引起国际交涉，则该董事会应负此责任。且上海工厂林立，资本家往往只顾私人利益，对于工友，希图裁员减薪、强行压迫，今本局既非破产，显然采取此种手段，显系为裁员减薪更进一步之狡诈。当此革命进行时期，倘此风一开，将来各厂效尤，社会秩序何堪设想！再四思难，唯有请求钧局、钧部、钧会调查实情，令行中华书局董事会：即日照

当营业,毋为私人利益而不顾全大局。[①]

　　然而,资方依然按照7月2日董事会上的决议应对此事。7月8日,中华书局律师黄镇磐代表公司刊登广告,宣布他将于本月10日代公司发放6月份下半月的薪水及回乡路费,意为宣布解散工人。翌日,职工会登报强烈驳斥反对,根本不承认解散之说。10日,黄镇磐登报宣告此事作罢,由公司自行发放薪水及路费。此时,劳资两方的诉求已向两极发展,一方执意要解散,一方坚持要复工。工统会认识到事态的严重性,多方援助中华书局职工会。书局职工会方面也马上采取应对措施,开会着手起草第二次宣言,同时还派代表赴南京向国民党中央党部请愿。

　　工人们的呼吁是卓有成效的。自职工联合办事处向社会各界呼吁要求公司复业以来,沪上各大报章如《申报》《新闻日报》《时事新报》《商报》《民国日报》等,持续对事件进行报道,其中以《民国日报》最具代表性。该报不仅在"本埠新闻"版对中华书局停业事件持续报道,还在"觉悟"栏发表署名文章,数量达9篇之多。出版界也有声援中华书局职工会者,商务印书馆职工会、世界书局编辑同人会、报界工会都名列其中,"而商务印书馆编辑员有《告中华书局董事会书》,列名者周颂久、江炼百、

---

① 《申报》1927年7月5日第15版。

段抚群、郑心南、王伯群、徐调孚、胡愈之、蒋少英、周建人、张伯康、黄绍绪、庄叔迁等十二人"[1]。上海邮务工会也发表了《忠告中华书局董事会书》。此外,上海其他各行各业的工会、职工会也多有派员慰问者。

停业十余日后,总商会虑及长久下去,不但使劳资双方大受损失,而且社会治安也会受到影响,因此有出面调解之意。总商会积极与职工联合办事处进行接洽,同时约同工统会,三方各派代表一道商讨解决办法,之后派员与资方进行谈判。调解开始进入实质性阶段。面对纷至沓来的宣告、忠告、训令,公司董事会倍感压力,再拖下去也不是办法,况且永久停业也非其本意,故而同意参加调解,与职工会一道呈请市政府核办。市长接到呈请,批阅后交农工商局秉公处理。

7月26日,上海特别市农工商局局长潘公展召集厂方代表陆费逵与职工会代表吴子范等到局谈话,并邀请原先的调解人:工统会代表吴苍、袁正道,总商会代表陆凤竹、朱肖攀,以及江苏省政府特派调查员李公朴,商议解决办法。当即决定公司先于8月1日复业,至于修改职工待遇问题,待复业后由农工商局邀集劳资两方及工商界代表公平解决。

7月31日,沪上各报刊出《中华书局试行复业启事》,公

---

[1] 钱炳寰编:《中华书局大事纪要(1912—1954)》,中华书局 2002年版,第 87 页。

司声明因为工资增加，经济支绌，以致停业。承农工商局、政训部、总商会、工统会敦促复业，定于8月1日试行复业，以一个月为期，商定办法，以收支适合、用人有权为原则。

8月1日，公司职工早早来到，7时许陆续进厂。上午7时半职工会召集全体职工举行复工大会，农工商局、工统会、政训部以及各机构和团体派员参加。上午9时半以后，总办事处、印刷所、编辑所、总店均已开始正常运转。

虽然中华书局已经复业，但是职工待遇问题仍悬而未决。8月5日，农工商局召集中华书局劳资双方及市党部、工统会、总商会、商民协会各处代表，就复业后职工待遇问题进行商讨。会上，陆费逵表示公司财政困难，除了增加公司资本或出租一部分资产或得到政府援助外，公司实在没有办法提高职工待遇；市党部代表认为中华书局此次停业太过突然，引起外界误会，现在不妨开诚布公讨论调解办法；职工方面群情激动，多次向陆费逵提出质问；商民协会代表则居中调停，认为前事不必再提，今日只需讨论待遇问题。最后，农工商局局长潘公展代表政府表态：中华书局工资必须低于商务印书馆而高于其他同行；农工商局派会计师彻查书局的经济状况、各项工资，待调查报告完成后再制定具体标准。一周后，调查报告出炉。16日，农工商局再次召集以上各机关团体就职工待遇问题进行会商，会议连开了三天。劳资双方最终就工时、薪资、用人等方面达成协议。工时方面规定：编辑所每日 6 小时,总办事处 6 小时半,栈房 7 小时半,印刷所 8 小时半,总店连午晚两餐在内共 10 小时。薪资方面规定:(1)月工照 1927 年 3 月份薪资,20 元以下者加 3 元,20 元零 1 角至 30 元加 2 元,30 元零 1 角至 40 元加 1 元;学生第一年至少 8 元,满一年者至少加 1 元,满两年者至少加 2 元,满三年者升为正式职工;女工有技术者加 2 元,无技术者加 1 元。(2)包工照 3 月份薪资加一成,每月升工取消①,星期日津贴照当月平均每人实得薪资计算,其余一切待遇均照月工办理,年终加薪半月。用人方面:公司有权裁员,但若工会认为被裁者无过失,公司需补发其两个月薪水。18 日,该协议经双方代表正式签字生效。此次的职工待遇对比 4 月份是打了折扣的,4 月份董事会调整职工待遇的原则是:工作八小时,普遍加薪二成。若按 4 月份的标准,月薪 20 元者当加薪 4 元,月薪 4 元者当加薪 8 元;而按 8 月份的标准,则分别只加 3 元、1 元。董事会通过停业实现了其"减薪"的目的。更为重要的是,董事会还重新获得裁员的权力,摆脱了工会的制约,做到"用人有权"。

---

① 晚清民国时期,无论是外资工厂、官僚资本工厂,还是民族资本工厂,大多采用一种叫作"升工"的制度,中华书局也不例外。所谓升工,就是厂方规定工人在一定时期里不请假、不缺勤,就给工人增发若干天的工资。具体有"星期日升工""大礼拜升工""月升工""年升工"等形式。"月升工"是指,如果工人在一个月里不请假、不缺勤,那么厂方就会给工人增发 2—4 天的工资。

8月20日，中华书局在沪上各大报上发布正式复业启事，至此这场由劳资纠纷引发的公共事件宣告结束。

中华书局此次停业事件的影响之大，参与斡旋的机构和团体之多，颇令人吃惊。笔者以为原因有四。其一，停业时间敏感，1927年初，北伐军攻占上海，上海旋即成为南京国民政府的特别市，鉴于上海举足轻重的影响力，国民政府是准备用心经营上海市的，此刻最需要的是站稳脚跟，而任何动荡都会对此目的造成威胁，故而，政府出面协调，争取掌握主动权，极力安抚工人情绪、为工人争取权益，在一定程度上压制资方令其做出妥协。其二，中华书局是在全国有很大影响力的文化机关（各方在对中华书局的"忠告"中都承认这一点），这就足以引起巨大的关注。其三，中华书局的工人相对于其他行业的工人来说，文化水平是较高的，因而，其职工会组织化程度高，纪律性强，对外宣传手段高明，善于借助媒体扩大影响。陆费逵深知，企业要发展壮大就离不开稳定的内部环境和资金的积累，但是从20世纪20年代开始，工人运动蓬勃兴起，工人组织化程度和觉悟日益提高，以提高待遇为目的的罢工事件在数量上显著增长，在频率上日渐提高，在一定程度上影响了企业的正常发展和资金积累。此次停业，应该是陆费逵的"釜底抽薪"、以退为进之计，目的正在于借此公开表达诉求，希求一劳永逸的解决办法。参与调解的社会力量在约束资方时，也会约束劳方，而劳方鉴于此次停业对自身生存的影响，也会有所反省。

综上所述，在此次停业事件中，中华书局董事会的做法是欠妥当的，对其企业形象有一定的负面影响，但考虑到当时书业生存环境之恶劣，董事会"其心可悯"。

（五）《武昌革命真史》被禁毁

在国民党反动统治下，出版业生存环境恶劣，政府对出版自由横加干涉。中华书局出版的《武昌革命真史》就引发了一场不小的风波。

《武昌革命真史》的作者曹亚伯（1875—1937），湖北大冶人，日知会会员，辛亥革命元勋，他亲历了孙中山、黄兴等组织的反清革命活动，民国建立后又追随孙中山参加护法运动，出任总统府高等顾问，参与北伐事宜。1925年孙中山逝世后，曹亚伯因为与汪精卫、胡汉民关系不和，遂辞官退隐。退隐后，曹亚伯将其收藏多年"日知会"文书笔记及辛亥革命时期的文稿、信函、电报文稿、照片等加以整理，结合自己的亲身经历，历经三年完成了一部关于辛亥革命的信史——《武昌革命真史》，1930年6月由中华书局正式刊行。本书记载了从武昌起义前的革命准备活动到1912年4月1日南京临时政府解体，孙中山辞去临时大总统的详细经过。书中有日知会的活动、清吏捕杀革命党人的口供、狱中日记、各省的革命活动和同盟会的历史等。书中对各种情况皆据实记载，史料翔实，并附有照片百余幅，是研究辛亥革命必备的参考书。

不料"某些国民党分子大为嫉妒，以为该书抹煞起义的各团体，而独归功于'日知会'，有欠公道，便联名呈请党部禁止发行"①。1930 年 10 月,行政院以"突出日知会功绩,批评起义人员过于露骨,记载失实,讥评总理"等为理由,严禁此书发行。行政院还派监督员到书局,在监督员的监视下,工作人员拿专用切书刀将存书一本一本地对角切成两半,同时把纸型图版全部销毁。

需要说明的是,陆费逵早年曾是日知会要员,后来目睹日知会成员之间互相倾轧,遂退出,转而从旁赞助革命事业。陆费逵与曹亚伯相知甚厚,当曹将自己整理好的字数达五十六万的书稿交来时,陆费逵明知可能触犯当局,仍决定代为印行②。当行政院内政部派员对该书进行禁毁时,陆费逵选择了配合。在强大的审查制度面前,陆费逵及中华书局没有多少能动性可供发挥。

书刊被禁,在民国时期并不少见。《武昌革命真史》被禁毁折射出的是当时出版业的不自由,这是时代的无奈也是出版业的无奈。

(六)《闲话扬州》惹风波

《闲话扬州》的作者是易君左,时任江苏省教育厅编审室主任。易君左在游览扬州湖光山色、体验扬州风土人情后写成此书,1934 年 3 月交由中华书局出版。此书薄薄一册,只有数万字,内有"扬州人的生活"一篇,颇有辱及扬州人的地方,如称全国娼妓为"扬州妇女所包办,

①郑逸梅:《芸编指痕》,北方文艺出版社 2019年版,第 192页。

②左舜生:《万竹楼随笔:关于〈武昌革命真史〉》,《宁光》1947年第 3期。

娼妓无不为扬州七县之人"，淞沪抗战的汉奸是扬州人，扬州人的生活上午是"皮包水"，下午是"水包皮"，等等。

此书引起了扬州人的愤慨。扬州八邑旅沪同乡会登报请求政府将易君左撤职并移送法办，将中华书局关闭，原版存书销毁，责令赔偿名誉损失。扬州妇女协会代表郭坚忍向镇江法院起诉，控告写作人易君左及中华书局发行人陆费逵的诽谤罪。一时间，此事在沪上乃至全国闹得沸沸扬扬。陆费逵和易君左深知众怒难犯，不想打这场官司，于是四处请人调解。中华书局方面请担任过司法部次长、内政部部长的国民党中央驻沪办事处常委、大律师薛笃弼出面跟扬州方面的关键人物阮慕伯商谈，薛转达书局的和解意愿：除停售毁版外，愿意登报道歉，将书售款购买夏季药品送给扬州人民，以赠书的形式向扬州人民赔偿损失 2000 元，请扬州撤销诉讼①。但是扬州方面不答应中华书局提出的和解条件，执意要对簿公堂。镇江法院于是年 8 月 7 日开庭受理此案，陆费逵和易君左均出庭受审，但并未做出判决。这场风波越闹越大，最后由江苏省政府主席陈果夫出面游说各方，扬州方面才同意调解，条件是：易君左登报道歉，辞职离开江苏；中华书局也要登报道歉，向扬州的学校赠送价值 2500 元的书籍。鉴于此次风波带来的影响，此后中华书局出版物发行人都由路锡三署名。

---

① 严吾：《〈闲话扬州〉风波的台前幕后》，《纵横》1998 年第 8 期。

《闲话扬州》引起的风波，责任虽主要在于作者易君左，但是中华书局也存在把关不严的过失，此书的编辑也缺乏必要的职业敏感性。

以上列举的是中华书局经营史上几次较有代表性的危机事件及其应对过程，理解历史的最好办法是观察历史，正是通过上述描述性文字，我们对中华书局的企业危机有了较为真切的感性认识。史学界的一个普遍的观点是"一切历史都是当代史"，因为人都具有时代性，当代人看待历史，其思维必然打上了其所处时代的烙印，而这也正是历史的魅力之所在，所谓"以史为鉴"便是精准的概括。考察中华书局的危机管理，其意义在于还原其历史，借鉴其经验。

西方著名的企业危机管理学者迈克尔·里杰斯特认为，"85%的企业总裁都相信'企业危机与死亡和税收一样不可避免！'"[1]企业危机具有高度的确定性与不确定性，"确定性"是指企业危机是不可避免的，"不确定性"则是指企业危机出现的时间与方式无法预测。企业危机的不确定性也反映在给企业造成的影响上，对企业危机应该辩证地看待。汉语的"危机"一词蕴含着双重意义：危险与机遇。当企业面临危机时，趋利避害，化危险为机遇是理想的结果，要达到此目的，首先就要对危机

---

[1]周永生编著：《现代企业危机管理》，复旦大学出版社2007年版，第2页。

本身有足够的了解。企业危机的类型划分有多种方法，按照企业危机所涉及的企业管理职能领域，企业危机可以划分为财务危机、人力资源危机、公共关系危机和市场营销危机等。从以上抽取的中华书局危机事件的样本来看，四个类型都有涉及，最突出的是财务危机和人力资源危机。

"引发企业财务危机的根本原因是在一定时期内现金流入量低于现金流出量，以至于企业不能按时偿还到期债务。"[①] 中华书局的"民六危机"就是一次典型的财务危机。财务危机一般属于"蔓延性"危机，危机酝酿的时间较长，诱因较多。"民六危机"的诱因，大致可以分为内外两方面。内部诱因之一在于书局的管理者脱离企业实际，急于扩张企业规模，短期内并购了大量企业，并投入巨资引进新式设备，致使企业背上沉重的债务包袱；内部诱因之二在于过度负债经营，当查账代表对公司账务进行清查时，发现公司的债务竟高达 120 万元，而资产不过 160 万元，这就导致公司的财务体系极其脆弱，一旦市场上有风吹草动，极易发生危机；内部诱因之三在于财务监管不到位，监察未能充分行使其职能。除了内部诱因，还有外部诱因，主要是战争影响和同行谣言中伤。

人力资源危机主要包括人才流失危机、人才使用危

---

① 周永生编著：《现代企业危机管理》，复旦大学出版社 2007 年版，第 439 页。

机、员工丧失工作能力危机、罢工危机等[①]。人力资源危机长期困扰着中华书局,比较常见的是罢工这种比较极端的形式。人力资源危机和财务危机一样,对公司的正常经营秩序形成威胁,这种危机往往持续时间长,会得到媒体的关注,给公司造成的经济损失大,公司形象也会受到影响。民国时期,劳资双方的博弈较为普遍化,劳资纠纷常常会演变为怠工、罢工事件,调解成本很大。劳资纠纷是令中华书局管理层颇为头痛的事情,终其整个民国经营史,劳资纠纷一直未曾彻底解决。时局的变动往往会增加危机的强度和频度,比如在抗战期间以及第二次国共内战期间,罢工给企业造成的困扰远胜于平时。

二、危机管理的启示

明确不同类型危机的特点,对处理企业危机是有指导意义的。通过对上述中华书局危机事件的分析,我们可以得出以下几点启示。

(一)重视与媒体的合作

媒体管理是进行危机管理的基本要素,媒体在企业危机管理中是一支重要的力量,发挥着重要的作用。媒体关注的是有新闻价值的信息,不管是对企业有益还是有害的信息,只要具有新闻价值、能够引起受众的关注,

---

①周永生编著:《现代企业危机管理》,复旦大学出版社 2007 年版,第 386 页。

媒体都会对其进行报道。由此可知，媒体在企业危机事件中起着双重作用：积极作用是帮助企业传递信息、改善企业形象、提供沟通平台等；消极方面是制造危机、加重危机、妨碍危机处理等。因此，当企业出现危机时，要重视与媒体的合作，真诚沟通，掌握信息发布的主动权，保证信息发布渠道的畅通透明。

以上所列举的危机，《申报》上都可以见到，一方面固然是由于这些事件具有新闻价值，记者主动进行报道，但是在另一方面，大多数情况下都是中华书局主动与媒体进行合作，在媒体上刊登启事或声明。《申报》是中华选择合作的首要媒体，除了《申报》外，《大公报》《晨报》等当时的主流媒体也是中华进行媒体公关的舞台。在"民六危机"中，中华就多次在《申报》上刊登告示，主要是针对顾客和股东，在1917年8月8日的《申报》上，中华就刊登了敬告各埠同行的启事，声明秋季应用各书正在日夜赶印，已陆续发出，绝不误期，可就近向各分局配货，万勿为造谣者所惑。在此后的一年多时间里，中华又陆续在《申报》上刊登广告，向社会告知中华的最新情况，谋求偿还债务的办法，有效缓解了股东的恐慌和不满情绪。信息的公开透明，是应对危机的必要手段，"谣言止于智者"，今天的出版业在面对危机时更要有勇气直面媒体，保证信息传播渠道的畅通。

（二）积极谋求行业协会的支持

民国时期，上海书业同业公会是上海商会的一个分支,是出版印刷业的行业协会。上海书业同业公会在规范同业的经营行为、协调同业之间的关系、协助同业应对危机等方面起到了积极的作用。中华书局总经理陆费逵曾长期担任上海书业同业公会主席,有一定的威望。关于书业同业公会的职责,陆费逵在1932年北新书局所出书籍侮辱回教一案表达过他的观点:

> 北新侮辱回教之文字确实不堪寓目,不特回教中人痛恨,即书业中人亦多认此类刊物足贻出版界之羞。迩来屡有人函至书业同业公会,责问及此,但书业同业公会无权取缔之……今因以行政处分、变更法律,其影响之巨不堪设想,至此不能再事旁观,始登启示,冀与回教代表协商解决办法,此举固为出版界全体利益计,亦为全国人民法律保障计……总之,北新案如依法办理,书业同业公会绝无异议,但不经法律手续而废封,想不以为然者不独书业同人而已也……①

陆费逵的这一表态是很明确的,即书业同业公会对同业触犯法律的经营行为绝不护短包庇,但如果不公正的法律威胁到书业同业的利益,公会也绝不会作壁上观,书业同业公会的一个重要的职责就是要维护同业在法律

①《申报》1932年11月17日第15版。

范围内的正当利益。因此,在"民六危机"、罢工潮事件以及《闲话扬州》案中,书业同业公会都曾出面协助中华渡过难关。

(三)主要领导勇担责任

企业危机管理是一种高度非程序化的决策过程,程序化决策中的民主、公开、透明等原则在危机管理中要辩证地看待。作为企业的领导者,在面对复杂的事态、莫衷一是的信息、浮动的人心时,必须要沉稳果敢,发挥主心骨的作用;在做决策时,不拘泥于程序化决策的原则,敢于做决断,勇于承担责任。

中华书局由陆费逵发起创办,其后他一直担任书局的领导职务,前后长达三十余年,任职之专且久在业界也是罕见的。在中华书局 1941 年以前所遇到的危机中,每次都能见到陆费逵的身影,他能够直面危机,冷静、理智地进行处理。尤其是在"民六危机"中,面对内外交困的处境,他的好友汪汉溪请他担任《新闻报》的总主笔,范源濂请他去教育部任职,但他都拒绝了,选择留在书局和同人一道为书局摆脱困境殚精竭虑。在 1926 年的罢工潮中,陆费逵直接与工人代表进行沟通,并发表了一篇真挚的谈话,对危机的解决产生了积极作用。陆费逵就如同中华书局这艘文化巨轮的船长,在危机时刻,他总是会出现在最前头,稳定人心,冷静、智慧地化解一个个危机。在危机面前,逃避没有出路,直面危机、勇担责任是企业家要具备的基本素质。

（四）加强与政府机构的沟通

政府机构具有其他任何机构或个人难以比拟的权威。企业危机发生后，经常会出现信息缺乏或信息莫衷一是的情况，大众亟须得到权威的信息，而政府部门能够扮演信息权威发布者的角色。当 1927 年中华书局停业后，事态的发展超出了人们的预料，一时之间劳资双方陷入僵局，最后还是由政府出面调解，发布权威信息，危机才得以解决。但是需要注意的是，政府公关绝非危机处理的首选策略，只有在事态的发展超出了公司的控制范围并对社会秩序造成一定干扰时，方可寻求政府部门的帮助。原因在于政府部门是社会公权力的象征，利用公权力来调解企业纠纷，会增加调解的成本，而且可能会出现公权力"寻租"现象，这对企业是不利的。

中华书局比较科学规范的企业管理制度是支撑其成为中国近代文化企业典范的原因之一，但是其企业管理制度也有一些不足之处。其一，与同行之间的竞争存在着不规范的行为，在世界书局崛起时，中华书局与商务印书馆联合组建国民书局，目的在于以低价倾销的方式挤垮世界书局，这是违背市场经济规律的行为，是值得反思的。其二，在处理劳资纠纷问题上，中华书局采取的策略有不尽妥当之处，具体表现为 1927 年 7 月局方试图以停业的方式来一劳永逸地解决劳资纠纷问题，造成很大的社会影响，这是不太负责任的。其三，印刷收入在总收入中的比例过大,虽然印刷业务所带来的丰厚利润使中华书局得以渡过抗战的艰难岁月,但在一定程度上影响了主要业务——图书出版的发展。通过与商务印书馆进行对比,我们会发现一个有趣的现象:商务印书馆靠印刷起家,但在 20 世纪 30 年代王云五接管商务后,印刷业务在总营业额中所占比例逐年降低,1927 年尚为 15.13%,到 1937 年则仅为 4.49%[1],1941 年太平洋战争爆发后,商务更是取消了印刷业务,专注出版业务;中华书局则不然,1936 年以前印刷业务所占比例为 20%—30%,1936—1941 年更是高达 45%,但是这似乎加重了书局的"工厂"色彩,作为文化企业的意义反而未能得到更好的彰显。不可否认的是,中华书局的企业管理制度在当时来说是走在行业前列的,成功做到了文化和经济的巧妙平衡,这对今天的出版行业的发展亦具有启示意义。

其一,坚守出版文化的本位。要发展就要有创新,要创新就要求变,但是"变"并非绝对意义上的"变",有些因素不能简单地一变了之,而是应该在赋予其时代新意的基础上大力传承与弘扬。在"变"与"不变"之间,应该要有所警醒。

其二,文化是出版的目的,而经济则是手段。出版从本质上讲仍是文化的,其存在的法理依据和现实价值还

---

[1] 何国梅:《商务印书馆的现代企业制度研究(1897—1949)》,华中师范大学硕士学位论文,2011 年,第 62 页。

在于文化上的创造与贡献。因此,文化是出版业要坚守的阵地,这个阵地失守了,就是出版人的失职。坚守出版文化的意义,从小处说,就是实现"社以书传",民国时期的商务印书馆和中华书局,历经百年仍然受到人们尊敬与认可,就是因为它们出版了一大批有文化有品位的书;从大处说,就是要实现"国以书传",我们拥有五千年不曾间断的文化,这是一个奇迹,而奇迹的造就者正是出版。我们之所以敢自称为五千年文明古国,是由于我们拥有传承千年的文明记忆的载体——浩如烟海的历代典籍,通过这些文化记忆的载体,我们能够连接过去与现在,以及思索未来的方向。

结　语

　　中华书局满110岁了。回望中华书局的民国时光，虽身处乱世，但"中华"人凭着梦想与激情创造了流传至今的辉煌与灿烂。以企业制度为视角，中华书局留给我们以下的感动与启迪。

一、企业是制度的企业

　　民国时期的书业存在着三种企业制度形式：业主制、合伙制、公司制。业主制和合伙制是传统的企业制度形式；公司制又称股份制，是现代的企业制度形式。中华书局采取的是公司制形式。企业制度的显著特征是实现了出资者所有权与法人产权、经营权的分离，企业成为一种"开放式"的组织，相对突破了资本和规模的限制，更好地适应社会化大生产的需求。在企业制度中，产权制度居于核心地位，它是对产权加以划分、确认、界定、保护和管理的规则，包括正式的、非正式的规则。产权表面上体现的是人对物的关系，实际上是各产权主体之间的关系。产权一般可以分为所有权、占有权、支配权和使用权，这"四权"既可以作为一个整体也可以被分解，拥有其中任何一项权利的自然人或法人,都是产权主体。现代企业产权制度体现为股东会、董事会、经理人、监察之间的责权利结构安排。提高企业经营效率是建立产权制度的目标所在,产权制度下的经营管理活动则是检验产权制度效能的试金石。因此,"效率"将是考察企业制度的关键词。

(一)产权制度效率的若干要素

产权制度的效率由若干要素组成。总的来说,一个有效的产权制度必须形成有效的激励机制、约束机制和信息传播机制[1]。具体来看,产权制度的效率应该包括:合理的内部机构设置;产权主体有足够的履行职能的动力;产权主体的权力受到合理制约;有效的横向、纵向信息双向传播机制;等等。上述各项因素可以通过考察中华书局来体现。

首先,中华书局是股份制公司,出资者所有权和经营权实现了分离,在公司的内部机构设置上,各产权主体必须"到位",而且要形成明确的责权利结构。股东会、董事会、总经理、监察等机构代表着各自不同的产权利益,行使着各自所拥有的产权项。股东会拥有公司的所有权;董事会掌握经营权,但不直接从事公司的日常经营活动,而是授权总经理来负责公司的经营;监察则代表股东对

---

[1]黄少安:《产权经济学导论》,经济科学出版社2004年版,第233页。

董事会及总经理进行监督,维护股东利益。所有权、经营权和监督权归属于不同的主体,从而形成了权责分明、有效制衡的法人治理结构。

其次,产权制度既激励各产权主体行使权能,又约束其行为。公司效率提高、收益增加是各产权主体的共同利益,为了实现这个共同利益,中华书局各产权主体会形成各种决策、采取各种行动。股东会根据公司各个阶段的具体情况,做出重大决策,如增加股本、开展并购业务、开设分厂等。董事会和总经理负责公司的日常运行,他们对公司的了解很全面,因此如果公司效率提高、收益增加,他们就是最大的获利者,以1921年董事会制定的年终奖励分配标准为例:年终奖金共分十一成,总经理得两成,总公司得三成,印刷、编辑、发行三所各得两成[1]。监察的津贴虽然较为固定,但当公司效益显著提升或恶化时,他们的待遇也会有所调整。此外,董事、总经理和监察基本上都是公司的股东,他们对公司有着天然的使命感。因此,他们都有足够的动力去履行职能。

最后,中华书局有高效健全的组织传播网络。中华书局的组织结构是典型的直线职能结构,既有直线指挥机构,又有职能部门。这是典型的科层制组织,科层制组织的优势在于命令的统一性,组织传播的方式主要是纵

---

[1]钱炳寰编:《中华书局大事纪要(1912—1954)》,中华书局2002年版,第52页。

向传播。纵向传播体现的是组织"机械化"的一面，而横向传播体现的则是组织"人性化"的一面。中华书局内部不仅有纵向的科层制信息传播渠道，也有横向的信息传播渠道，主要表现为企业内部的各种兴趣团体、工会、同乡会、党团组织等，通过开展各种文体活动来联络职员之间的感情，弥补了纵向传播渠道的不足。纵向传播渠道确保了公司日常经营有序高效开展；横向传播渠道则使组织氛围变得融洽，形成向心力强的企业文化。可以肯定的是，横向传播渠道能够提高企业效率，只是这种效率只能定性而不能定量。

（二）管理制度对企业效率的贡献

管理是社会组织中，为了实现预期的目标，通过决策、计划、组织、指挥、协调和控制等管理职能来合理调配人力、财力和物质资源的过程[①]。管理制度则是对这一过程的制度化，制度化的途径包括制定公司章程、员工守则、管理办法等一系列的法律的、契约的、文化的运作。由此可知，管理制度应该包括"行为"和"制度"两个层面，"行为"可以是一门艺术，"制度"则必须科学合理。

在合理的管理制度下，管理者的行为更具有理性或目的性；合理的管理制度还可以促进管理者自身素质的提高。"但是管理活动和管理者素质与管理制度还是不等同的。人员素质不是由甚至主要不是由管理制度决定

---

①段从清编著：《管理学》，人民出版社 2005 年版，第 3 页。

的。因此,对人的素质、对人才的培养和竞争是提高企业效率的重要而具有相对独立性的因素。"[1] 中华书局的管理行为和管理制度充分做到了以人为本,重视对职工的培养以及为职工创造良好的工作环境。出版企业是从事文化商品生产的企业,对从业人员的文化素质有很高的要求,文化素质的培养功在平时,绝非一朝一夕能够见成效。公司管理者深刻认识到这一点,在工作时间上实行梯度管理,编辑所每日6小时,总办事处6小时半,栈房7小时半,印刷所8小时半,总店连午晚两餐在内共是10小时。编辑所是出版企业的"首脑"部门,编辑人员的文化素质高低直接关系到企业的发展前途,编辑所的工作时间较其他部门为短,公司的良苦用心正在于保证编辑人员有足够的时间来进行知识"充电",编辑人员素质不断提高,企业效率才会不断提高。中华书局内部人员的构成上呈现"金字塔"结构,公司最盛时,有职工三四千人,而编辑所只有120人左右,无论是在文化素质上还是在福利待遇上,编辑人员和其他各部门人员都存在着很大的差距,公司绝大部分的职工居于"金字塔"的塔基位置。"塔基"不稳,高度就难以保证。因此,公司鼓励底层员工到各种补习学校进修,提高文化素质,以期更好地适应公司需要。激励人才也要靠待遇,中华书局职工的待

---

① 黄少安:《产权经济学导论》,经济科学出版社2004年版,第233页。

遇紧追商务印书馆，而高于其他同行。

人力资源是中华书局最宝贵的资源，人力资源管理是公司的重心所在。有了优秀的人才，公司的财务管理、生产管理、发行渠道管理、危机管理等方面才能各得其才，人才在各自的岗位上尽其所能，避免出现"短板效应"，企业的高效率也就有了保障。

中华书局的辉煌，在很大程度上要归因于其采取公司制这种先进的企业制度，但先进的制度只能促进事业取得成功而不能起决定作用，人的能动性也是不可忽略的因素。遵守制度并不断对制度加以完善，事业的成功就有了保障，反之，再美好的制度也只有空洞的意义了。

二、企业是企业家的企业

企业家是一种稀缺资源，在他们身上集中体现着一些可贵的精神：冒险精神、创新精神、不满足精神和英雄主义精神。企业家在经营企业的过程中，给企业打上企业家的精神烙印，使企业具有鲜明的"个性"，成为企业家的企业。

企业家精神的本质可以从两个方面进行把握。其一，企业家精神是企业人力资源的最高层级，是企业的灵魂，对企业家精神的强调本身就是对企业家的一种激励。其二，企业家精神是企业家高层次需求的一种表现[1]。马

---

①郝晓彤、唐元虎：《刍议企业家精神》，《经济与管理研究》2003年第5期。

斯洛提出了人的需求五层次论：生理的需求、安全的需求、归属和爱的需求、尊重的需求、自我实现的需求。企业家作为一种特殊的群体，在需求满足上也呈现出一种递进的过程，只是需求的重点主要体现在最高层次的"自我实现的需求"上。企业家为了实现其需求，必将在其经营企业的过程中引申出冒险、创新、不满足、英雄主义等企业家精神。由此可知，如果企业家缺乏高层次的需求，企业家精神也就无从谈起。

归纳上面的论述，企业家精神是一种宝贵的稀缺资源，企业家精神来源于企业家高层次的需求，"核心应该是一种价值体系，具体的管理方法、经营技巧并不是最重要的"[1]。出版业的企业家，应该抱有"经济是手段，文化是目的"的价值理念，以出版物为载体来传播先进的文化，开启民智，促进国家社会的进步；同时还要处理好经济与文化的关系，既要有生意人的精明能干，又要有文化人的高雅追求。

可以说，中华书局与陆费逵在某种程度上是不可分割的。1912年，陆费逵创办了中华书局，直到1941年逝世，书局的经营大权一直都由陆费逵执掌，从未易手。这期间国内局势波谲云诡，中华书局也经历了几度沉浮、几度磨难，最后发展成为民国时期仅次于商务印书馆的重

---

① 范军：《略论出版业经营管理类领军人才的企业家精神》，《出版发行研究》2012 年第 11 期。

要出版机构,这和陆费逵的品性才学、气魄胆识有极大的关系。陆费逵是优秀的企业家,他身上突出体现着冒险精神、创新精神、不满足精神和英雄主义精神:能够准确预判革命必然取得成功,不留恋商务印书馆的优渥待遇,毅然脱离商务创办中华书局;在"民六危机"中,敢担责任,勇于面对困境,即使有更好的去处也不离开书局;抗战期间,殚精竭虑地维持公司运转,惨淡经营,为战时文化教育提供必要的书籍。这些都体现了陆费逵的企业家精神,也是中华书局宝贵的精神财富。

三、企业是国家社会的企业

传统的企业理论以使企业利润最大化,进而使股东利益最大化为企业的唯一目标。这一理论长期盛行于经济领域。到了 20 世纪初,随着工业经济的快速发展,企业和许多社会、环境问题联系在了一起,"利润至上"的企业经营理念亟须得到修正,企业的社会责任理论应时出现。企业社会责任理论的核心在于,利润最大化仅仅是企业的目标之一,除此之外,企业还有维护社会公益的目标,企业的经营活动和规章制度必须在企业利润和社会公益之间维持平衡[1]。强调企业对社会的责任,是企业社会责任理论的最大特色,根据美国经济发展委员会 1971 年发布的《工商企业的社会责任》报告,企业的

---

[1]郑孟状、潘霞蓉:《论企业的社会责任》,《浙江学刊》2003 年第 3 期。

社会责任包含三个中心圈，"内圈代表企业的基本责任，即为社会提供产品、工作机会并促进经济增长的经济职能；中间圈是指企业在实施经济职能时，对其行为可能影响的社会和环境变化要承担责任，如保护环境、合理对待雇员、回应顾客期望等；外圈则包含企业更大范围地促进社会进步的其他无形责任"①。由此观之，中华书局的经营活动和企业规章制度体现的是名副其实的"社会责任理论"。

企业的命运和国家民族的命运紧密相连。一部中华书局史，就是一部民国出版文化史的缩影。企业能够与国家社会共同进步，这正是企业社会责任理论的体现。

我们不能忘记陆费逵关于书业与国家民族关系的精辟论述："我们希望国家社会进步，不能不希望教育进步；我们希望教育进步，不能不希望书业进步，我书业虽然是较小的行业，但是与国家社会的关系，却比任何行业大些。"对这段话进行证实的正是以商务印书馆、中华书局等为代表的近代出版企业的实践。之所以认为中华书局是国家社会的企业，在于中华书局在文化教育方面做出的贡献。民国时期，中华书局共出版图书5000余种，12000余册，涵盖教育、文学、经济、社会、政治、军事等各个学科门类。中华书局对文化的贡献主要体现在教科书

---

① 郑若娟：《西方企业社会责任理论研究进展——基于概念演进的视角》，《国外社会科学》2006年第2期。

及教育类图书出版、学术图书出版、工具书出版、古籍出版和杂志出版等五个方面，其中对教科书出版的贡献最为突出。

熟悉近代出版史的人知道，中华书局是靠教科书起家的。民国时期，曾出现了 1912 年南京临时政府颁布的"壬子癸丑学制"、1922 年北京政府颁布的"壬戌学制"、1928 年南京政府颁布的"戊辰学制"等，而中华书局编写的教科书能够顺应时代的发展，保持一贯严肃认真的编辑作风，满足不同时期的不同教育对象的需求。中华书局教科书的使用人群是极为庞大的，民国时期各类学校使用的教科书中，有十分之三是由中华书局供应的①。

中华书局出版的学术图书学科门类涵盖广，数量品种丰富，而且多以丛书的形式发行。主要有：《新文化丛书》43 种；《新中华丛书》72 种；《少年中国学会丛书》24 种；《中华学艺社学艺文库》4 种；《哲学丛书》4 种、《佛学丛书》2 种；《社会科学丛书》29 种；《国际丛书》26 种；《国防丛书》10 种；《合作丛书》4 种；《新中学会经济丛书》2 种；《中华学艺社丛书》1 种；《音乐丛刊》13 种；《中等算学研究会丛书》2 种；《算学丛书》5 种；《科学丛书》6 种；《农业丛书》26 种；《中国计政学会丛书》6 种；《史地丛书》4 种；《史学丛书》6 种；《新

①陆费逵：《六十年来中国之出版业与印刷业》，《申报月刊》1932年第1期。

世纪丛书》5 种等。另外,《大学用书》91 种,既可看成是教材,也可视作学术性丛书[①]。

工具书是治学或自学的必备书籍,实用性极强。民国时期,社会由传统向现代转型,人们对新知识的需求十分旺盛,在求知的过程中,工具书必不可少。中华书局出版的工具书包括中外文辞典、专科辞典及一些其他类型的辞典,数量达数百种,如:《中华大字典》(1915)、《中华中字典》(1916)、《实用大字典》(1918)、《地学辞典》(1930)、《中华百科辞典》(1930)、《辞海》(1936—1937)、《经济学大辞典》(1937)、《外交大辞典》(1937)、《中外地名辞典》(1940)等。在中华书局出版的工具书中,以《中华大字典》和《辞海》最为著名,直到现在仍然具有使用价值。

中华书局的古籍出版蔚为大观。依据善本排印的《四部备要》(1926)和影印的《古今图书集成》(1934),质量上乘,赢得了大众的认可,更重要的意义在于保存了一批我国珍贵的古籍文献,向大众传播了传统文化。

除了书籍出版,中华书局的杂志出版也形成了一定的规模,产生了较大的影响力。从 1912 年到 1949 年,中华书局自己编印发行和代为发行的各类杂志约有 40 种。中华书局经营初期,陆费逵对创办杂志就高度重

[①]吴永贵主编:《中国出版史》(下册),湖南大学出版社 2008 年版,第 155 页。

视,在1913年他去日本考察出版印刷业后,这个想法就更坚定了:"以尽力杂志为怀,在二三年中创刊杂志八种。"[1] 民初,中华书局发行了"八大杂志":《中华教育界》(1912)、《中华小说界》(1914)、《中华实业界》(1914)、《中华童子界》(1914)、《中华儿童画报》(1914)、《中华妇女界》(1915)、《中华学生界》(1915)、《大中华》(1915)。但在1917年"民六危机"发生后,除《中华教育界》外,其他杂志均停刊。20世纪二三十年代中,中华书局编印发行和代为发行的杂志有30余种,其中最著名的当属1933年创办的《新中华》半月刊,它与商务印书馆的《东方杂志》、申报馆的《申报月刊》并称为当时的三大综合性杂志。《新中华》的宗旨是"灌输时代知识,发扬民族精神",编者为局内编辑周宪文、钱歌川、倪文宙。

中华书局通过出版活动为国家社会做出了重要贡献,这份贡献也激励着今天的出版人不断前行,在出版的道路上走得更远。

中华书局的企业制度体现的是一种"工具理性",概括地说,就是以制度提高企业的经营效率和抗风险能力;执行和遵守制度的"中华人",其身上体现的是一种"价值理性",概括地说,就是自觉将出版与国家社会的命运紧密联系起来,以出版促进文化的传承与发展。出版企业既要

---

[1]钱炳寰编:《中华书局大事纪要(1912—1954)》,中华书局2002年版,第10页。

有好的制度设计,也要坚决执行和遵守制度,同时,出版人还要有文化追求,有社会责任与担当。这正是百年中华书局留给今天出版界的精神财富。

参考文献

一、报刊

[1]《申报》(上海)(1912—1949)

[2]《中华书局图书月刊》(上海)(1931—1932)

[3]《出版月刊》(上海)(1937年第1—5期)

[4]《会计杂志》(上海)(1933年第1卷)

[5]《华股研究周报》(上海)(1942年第1卷)

[6]《中华书局月报》(上海)(1922—1925)

[7]《进德季刊》(上海)(1922—1926)

二、内部资料

[1] 中华书局编:《中华书局与中国近现代文化国际学术研讨会论文集》,上海,2012年。

[2] 桐乡市文联编:《桐乡名人陆费逵与百年"中华"专题》,桐乡,2012年。

[3] 中华书局局史资料组编:《局史资料工作》(第2—13期),北京,1990—1992年。

三、著作

[1] 陆费逵：《青年修养杂谈》，中华书局 1926 年版。

[2] 陆费逵：《论实业家之修养》，中华书局 1929 年版。

[3] 舒新城：《狂顾录》，中华书局 1936 年版。

[4] 左舜生：《近三十年杂闻录》，（台湾）文海出版社 1967 年版。

[5] 张静庐辑注：《中国现代出版史料（补编）》，中华书局 1957 年版。

[6] 中华书局编辑部编：《回忆中华书局》，中华书局 2001 年版。

[7] 俞筱尧、刘彦捷编：《陆费逵与中华书局》，中华书局 2002 年版。

[8] 钱炳寰编：《中华书局大事纪要（1912—1954）》，中华书局 2002 年版。

[9] 周其厚：《中华书局与近代文化》，中华书局 2007 年版。

[10] 陆费逵：《陆费逵文选》，中华书局 2011 年版。

[11] 范军：《中国出版文化史论稿》，华中师范大学出版社 2011 年版。

[12] 王建辉：《教育与出版——陆费逵研究》，中华书局 2012 年版。

[13] 吴永贵：《民国出版史》，福建人民出版社 2011 年版。

[14] 吴永贵主编：《中国出版史》（下册），湖南大学出版社 2008 年版。

[15] 汪家熔辑注：《中国出版史料（近代部分·补卷上

册)》,湖北教育出版社 2011 年版。

[16] 张元济:《张元济日记》,商务印书馆 1981 年版。

[17] 中国第二历史档案馆编:《中华民国史档案资料汇编》,江苏古籍出版社 1991 年版。

[18] 郑士德:《中国图书发行史》,中国时代经济出版社 2009 年版。

[19] 朱联保:《近现代上海出版业印象记》,学林出版社 1993 年版。

[20] 汪耀华:《上海书业同业公会史料与研究》,上海交通大学出版社 2010 年版。

[21] 汪耀华:《民国书业经营规章》,上海书店出版社 2006 年版。

[22] 王建辉:《老出版人肖像》,江苏教育出版社 2001 年版。

[23] 刘明慧主编:《现代企业制度概论》,中国财政经济出版社 2005 年版。

[24] 邓荣霖主编:《现代企业制度概论》,中国人民大学出版社 1995 年版。

[25] 黄少安:《产权经济学导论》,经济科学出版社 2004 年版。

[26] 段从清编著:《管理学》,人民出版社 2005 年版。

[27] 张维迎、盛斌:《论企业家——经济增长的国王》,人民出版社 1989 年版。

[28] 吴申元主编:《现代企业制度概论》,首都经济贸易大学出版社 2009 年版。

[29] 魏杰等：《产权与企业制度分析》，高等教育出版社1997年版。

[30] 郭红玉：《股份制与股份有限公司》，人民出版社1992年版。

[31] 牛国良：《企业制度与公司治理》，清华大学出版社、北京交通大学出版社2008年版。

[32] 肖翔、刘天善编著：《企业融资学》，清华大学出版社2007年版。

[33] 周蔚华：《出版产业研究》，中国人民大学出版社2005年版。

[34] 罗长海：《企业文化学》，中国人民大学出版社1991年版。

[35]〔美〕阿伦·肯尼迪、〔美〕特伦斯·迪尔著，孙耀君等译：《西方企业文化》，中国对外翻译出版公司1989年版。

[36] 刘益等：《出版社经营管理》，中国书籍出版社2009年版。

[37] 王关义等：《中国出版业管理科学化案例研究》，经济管理出版社2008年版。

[38] 伍旭升：《品牌书业原理导引》，华中师范大学出版社2010年版。

[39] 李玉：《北洋政府时期企业制度结构史论》，社会科学文献出版社2007年版。

[40] 高新伟：《中国近代公司治理(1872—1949)》，社会

科学文献出版社 2009 年版。

[41] 杨勇：《近代中国公司治理——思想演变与制度变迁》，上海人民出版社 2007 年版。

[42] 张忠民等：《近代中国的企业、政府与社会》，上海社会科学院出版社 2008 年版。

[43] 钟祥财：《中国近代民族企业家经济思想史》，上海社会科学院出版社 1992 年版。

[44] 忻平：《从上海发现历史：现代化进程中的上海人及其社会生活（1927—1937）》，上海人民出版社 1996年版。

[45] 周其厚：《中国出版家·陆费逵》，人民出版社 2016年版。

[46] 于文：《出版商的诞生：不确定性与 18 世纪英国图书生产》，上海人民出版社 2014 年版。

[47] 周佳荣：《香港学者论中华书局》，中华书局（香港）有限公司 2013 年版。

[48] ［美］凯瑟琳·米勒著，袁军等译：《组织传播》（第二版），华夏出版社 2000 年版。

[49] ［美］斯蒂芬·李特约翰著，史安斌译：《人类传播理论》（第七版），清华大学出版社 2004 年版。

[50] ［美］埃弗雷特·M·罗杰斯著，林瑞基译：《组织传播》，台湾"国立编译馆"1983 年版。

[51] ［法］马克·布洛克著，黄艳红译：《历史学家的技艺》（第二版），中国人民大学出版社 2011 年版。

[52] [法] 保罗·利科著, 莫伟民译:《解释的冲突: 解释学文集》, 商务印书馆 2017 年版。

[53] [意] 阿甘本著, 薛熙平译:《例外状态》,(台湾) 麦田出版社 2010 年版。

[54] [美] 包筠雅著, 刘永华等译:《文化贸易: 清代至民国时期四堡的书籍贸易》, 北京大学出版社 2015 年版。

[55] [美] 道格拉斯·诺思著, 杭行译:《制度、制度变迁与经济绩效》, 格致出版社 2014 年版。

[56] [美] 凡勃伦著, 蔡受百译:《企业论》, 商务印书馆 2017 年版。

[57] [丹麦] 德里克·比奇、[丹麦] 拉斯穆斯·布伦·佩德森著, 汪卫华译:《过程追踪法: 基本原理与指导方针》, 格致出版社 2020 年版。

四、期刊论文

[1] 欧阳敏:《晚清民国时期商务印书馆编审制度的变迁述论》,《编辑之友》2017 年第 1 期。

[2] 欧阳敏:《"十七年" 出版机构制度变迁研究》,《科技与出版》2020 年第 11 期。

[3] 范军、欧阳敏:《论民营出版企业资本结构的演变及其对经营的影响——以上海世界书局和大东书局为考察中心》,《中国出版史研究》2016 年第 1 期。

[4] 于殿利、沈世婧:《理解出版的本质 才可立于不败

之地》,《教育传媒研究》2017 年第 3 期。

[5] 范军:《陆费逵的书刊广告艺术》,《编辑学刊》2003 年第 4 期。

[6] 范军、何国梅:《试论上海商务印书馆的科学化管理制度》,《出版发行研究》2011 年第 8 期。

[7] 范军:《略论中国近现代出版企业制度的三种形式》,《出版发行研究》2012 年第 4 期。

[8] 范军:《上海商务印书馆监察人制度述略》,《出版史料》2012 年第 4 期。

[9] 范军:《试论出版人的文化自觉——以张元济等编辑出版家》,《新华文摘》2012 年第 11 期。

[10] 范军:《略论出版业经营管理类领军人才的企业家精神》,《出版发行研究》2012 年第 11 期。

[11] 吴永贵:《一举成名天下知——中华书局创业经过及成功因素分析》,《出版科学》2002 年第 3 期。

[12] 吴永贵:《近现代知识分子的出版情怀》,《编辑学刊》2001 年第 2 期。

[13] 吴永贵:《中华书局的成功经营之道》,《编辑学刊》2002 年第 3 期。

[14] 吴永贵:《出版竞争推动近代教科书的进步——以中华书局编写出版的教科书为例》,《出版科学》2007 年第 2 期。

[15] 吴永贵、曹琳娜:《民国时期出版企业的人员构成与管理》,《中国编辑》2006 年第 2 期。

[16] 吴永贵:《中华书局对我国学术文化发展的贡献》,《新闻出版交流》2003 年第 1 期。

[17] 汪家熔:《陆费逵人品和创办中华书局动机考辨》,《中国编辑》2006 年第 1 期。

[18] 申作宏:《陆费逵的同业竞争策略》,《出版发行研究》2005 年第 4 期。

[19] 周秋利:《民国三大书局的教科书之争》,《中国编辑》2003 年第 4 期。

[20] 陆费逵:《与舒新城论中国教科书史书》,《中国编辑》2003 年第 2 期。

[21] 庞学栋:《解放前教科书出版的竞争及其影响》,《出版发行研究》2003 年第 1 期。

[22] 张志强、杨海平:《论现代出版家的开拓创新》,《编辑学刊》2001 年第 1 期。

[23] 吴迪:《陆费逵与中国现代出版业》,《编辑之友》1998 年第 6 期。

[24] 吴燕:《近现代上海出版业的竞争效应分析》,《编辑之友》2006 年第 1 期。

[25] 周国清、夏慧夷:《陆费逵的出版人才观及其践履》,《出版发行研究》2007 年第 9 期。

[26] 魏玉山、孙煜华:《百战不殆的秘密——建国前商务印书馆、中华书局成功原因浅析》,《编辑之友》1995 年第 1 期。

[27] 刘建辉:《竞争,创新,旧上海书业的生命线》,《编辑

学刊》1995 年第 2 期。

[28] 王建辉:《书业竞争:考察近代出版史的一条辅线》,《编辑学刊》1997 年第 6 期。

[29] 钱炳寰:《20 年代教科书竞争二三事》,《出版科学》1997 年第 4 期。

[30] 汪家熔:《中华书局开创记事》,《出版史料》2002 年第 2 期。

[31] 吴燕:《民国初期中华书局与商务印书馆联合谈判始末》,《南京政治学院学报》2005 年第 6 期。

[32] 周其厚、荆世杰:《论民国中华书局教科书之特点》,《广西师范大学学报(哲学社会科学版)》2007 年第 3 期。

[33] 汪家熔:《旧时出版社成功诸因素——史料杂录(之二)》,《出版发行研究》1994 年第 4 期。

[34] 汪家熔:《旧时出版社成功诸因素——史料杂录(之三)》,《出版发行研究》1994 年第 5 期。

[35] 汪家熔:《旧时出版社成功诸因素——史料杂录(之四)》,《出版发行研究》1994 年第 6 期。

[36] 汪家熔:《旧时出版社成功诸因素——史料杂录(之五)》,《出版发行研究》1995 年第 1 期。

[37] 周其厚、俞国林:《走近陆费逵》,《中华遗产》2007 年第 12 期。

[38] 张汉文:《陆费逵:现代著名的教育思想家和出版家》,《新闻出版交流》2002 年第 1 期。

[39] 周其厚：《陆费逵与商务印书馆》，《山东科技大学学报（社会科学版）》2007 年第 3 期。

[40] 吴燕：《传奇人生的不平凡开章——中华书局创始人陆费逵早岁经历》，《出版科学》2008 年第 4 期。

[41] 周其厚：《陆费逵与中华书局史实辨析》，《首都师范大学学报（社会科学版）》2010 年第 3 期。

[42] 汪家熔：《近代出版三巨头：选题想得早还要做得好》，《出版发行研究》1999 年第 6 期。

[43] 陈思和：《试论现代出版与知识分子的人文精神》，《复旦学报（社会科学版）》1993 年第 3 期。

[44] 李侃：《中华书局的七十年》，《图书馆学通讯》1982 年第 3 期。

[45] 王震：《陆费逵传略》，《晋阳学刊》1982 年第 1 期。

[46] 陈晓东：《时代呼唤职业出版家》，《出版科学》2003 年第 4 期。

[47] 汪家熔：《〈近代出版人的文化追求〉小引》，《出版史料》2003 年第 4 期。

[48] 巢峰：《〈辞海〉的编纂和修订》，《出版史料》2003 年第 2 期。

[49] 纪晓平、朱宏谊：《中华书局与〈四部备要〉》，《图书馆学研究》2002 年第 11 期。

[50] 汪家熔：《能在好上添好的陆费逵》，《出版史料》2002 年第 4 期。

[51] 朱荫贵：《引进与变革：近代中国企业官利制度分

析》,《近代史研究》2001 年第 4 期。

[52] [美]H·德姆塞茨著,银温泉译:《关于产权的理论》,《经济社会体制比较》1990 年第 6 期。

[53] 郝晓彤、唐元虎:《刍议企业家精神》,《经济与管理研究》2003 年第 5 期。

[54] 王长春:《完善公司组织机构实施现代企业制度》,《经济管理学报》1997 年第 5 期。

[55] 张秀丽:《完善现代企业制度调整企业组织结构》,《黄河科技大学学报》2004 年第 6 期。

[56] 石五学:《论现代企业组织制度》,《河南师范大学学报(哲学社会科学版)》1996 年第 5 期。

[57] 张维迎:《所有制、治理结构及委托——代理关系》,《经济研究》1996 年第 9 期。

五、学位论文

[1] 吴永贵:《中华书局与中国近代教育》,武汉大学博士学位论文,2002 年。

[2] 王伟:《商务印书馆与中华书局的竞争与合作(1912—1949)》,东北师范大学硕士学位论文,2009 年。

[3] 张翮:《1912—1949 年中华书局的经营研究》,河南大学硕士学位论文,2007 年。

[4] 安静:《陆费逵编辑出版思想研究》,河南大学硕士学位论文,2007 年。

[5] 齐琳:《20 世纪上半叶中华书局古籍出版情况研究》

东北师范大学硕士学位论文,2009年。

[6] 宛利:《中华书局企业文化研究(1912—1949)》,中共中央党校硕士学位论文,2011年。

[7] 夏慧夷:《陆费逵的出版思想及其实践》,湖南师范大学硕士学位论文,2008年。

[8] 刘相美:《陆费逵出版经营理念与策略研究》,河北大学硕士学位论文,2009年。

[9] 汪玮玮:《中华书局辞书出版研究(1912—1949)》,南京大学硕士学位论文,2012年。

[10] 沈倩倩:《中华书局外国文学译著出版研究(1914—1949)》,南京大学硕士学位论文,2012年。

[11] 李鸿敏:《文人与企业:商务印书馆与中华书局在民初的竞争与合作》,南京大学硕士学位论文,2012年。

[12] 何瑶琴:《中华书局中小学教科书出版研究(1912—1937)》,南京大学硕士学位论文,2012年。

[13] 阮碧琳:《长沙〈大公报〉中的中华书局广告研究(1917—1927)》,湘潭大学硕士学位论文,2020年。

[14] 林冬梅:《20世纪50年代中华书局的社会主义改造研究》,曲阜师范大学硕士学位论文,2017年。

[15] 潘江海:《抗战时期的中华书局及其历史变迁探析(1937—1945)》,安徽大学硕士学位论文,2016年。

[16] 申爽:《中华书局的社会主义改造初探(1949—1954)》,华东师范大学硕士学位论文,2016年。

［17］马培红：《中华书局品牌建设研究》，华中师范大学硕士学位论文，2015年。

［18］闫禛：《中华书局的书刊广告研究（1912—1949）》，华中师范大学硕士学位论文，2014年。

［19］黄宝忠：《近代中国民营出版业研究》，浙江大学博士学位论文，2007年。

［20］胡誉耀：《我国出版集团公司治理研究》，武汉大学博士学位论文，2010年。

［21］蒋雪湘：《产业融合环境下中国图书出版产业组织研究》，中南大学博士学位论文，2009年。

［22］杨东星：《中国出版企业现代治理结构研究》，东北财经大学博士学位论文，2013年。

后　记

　　2012年,适逢中华书局成立一百周年。这一年,国内持续了近十年的出版社转企改制工程,业已进入全面收官阶段。也是在这一年,经过我的导师范军教授(时任华中师范大学出版社社长)多次点拨,我最终确定将《中华书局的企业制度研究(1912—1949)》作为硕士论文选题。我与中华书局的缘分,便在此时结下。

　　历史研究普遍面临两个问题:史料的不足和思想的不足。确定了选题之后,我便开始系统地搜集史料和阅读企业制度方面的文献。史料有一手史料(primary sources)和二手史料(secondary sources)之分:前者是指接近或直接在历史发生的时空中所产生的,可以作为透视历史问题的史料;后者是指后人运用一手史料所做的研究及论释。掌握充分的一手史料,是一项合格的历史研究的必要条件。为了获取关于民国时期中华书局企业制度的一手史料,2012年9月至12月,我几乎每天都要去华中师范大学中国近代史研究所的资料室,待上五六个小时,翻阅影印本《申报》(1912—1949)。在翻阅的过程中,我用随身携带的一部简陋的数码相机

（当时手机相机的像素普遍很低），随时将我觉得可能会用得上的内容拍摄下来。如此，前后花了三个多月的时间，终于将280多本影印本《申报》（1912—1949）逐张翻阅完毕。

由于是等比例影印，影印本非常厚重，每本长度接近半米，宽度0.3米左右，页数上千。每次我都要用双手握紧其两边，才能将其从书架上顺利取下来。取影印本时的仪式感以及影印本在手的厚实感，与资料室外墙边盛开的木槿花，一道成为我的桂子山求学记忆的特异编码。

三个多月的时间里，总共拍摄了两千余张照片。后期以"产权制度"、"组织制度"和"管理制度"为主题，对照片进行归类整理，共挑选出560余张，它们就成了我开展本研究的核心史料。翻阅影印本《申报》，最大的收获是培养了关于民国出版业和民国社会的"现场感"。整个民国时期，《申报》的头版上几乎每天都有商务印书馆、中华书局等大出版企业所登的广告，而中、小学教科书是主要的广告产品，这也证实了出版与教育具有共生关系，两者均是形塑国民共同感知结构的基本要素。与此同时，民国社会动荡不安，大到军阀混战、兵匪横行、自然灾害与瘟疫频发、日寇入侵……小到孤儿流浪、难民倒毙街头、穷家卖儿鬻女、某家因生活无着落而全家人携手赴死……报上常常有令人触目惊心之内容。中华书局便是在此苦难环境中艰难求生存、求发展。

　　将史料整理好后,又花了四个月时间撰写初稿,写成8万余字。之后就是修改、外审、答辩等一系列常规程序。2013年6月,拙文被评为校级优秀论文;2014年11月,拙文被评为湖北省优秀硕士学位论文。当时,在收获这些荣誉的时候,心中还是有些小小骄傲的。但是,现在再来看这篇论文,我深感汗颜。史料方面的不足在于:虽然有《申报》史料支撑,但来源太单一,对《中华书局月报》《进德季刊》等民国时期中华书局重要的内部刊物几乎没有涉及;对各省的出版史志资料也涉及极少,而这些出版史志资料中有许多关于中华书局(分局)发行制度的内容。思想方面的不足在于:没有吸收新制度经济学的正式制度与非正式制度的理论养分,对中华书局企业制度的非正式部分涉及得较少,没有专章论述,但正是非正式制度赋予了每个企业独特的面孔。

　　虽然有以上诸多不足,但我还是不揣浅陋,想要把曾经的习作呈现在读者诸君面前。为此,在2021年暑假,我重写了绪论和后记,而对于三章正文,则只在文字上做了细微调整。我也曾设想对三章正文进行大的调整,但评估后发现改动的工作量超过了我目前能够承受的范围,就只能放弃了。现在呈现给诸君的,便是未经大改的版本。

　　写作(包括历史研究)是一门遗憾的艺术,因为写作者存在于类似"芝诺悖论"的困境之中:写作者的思想跑得太快或太慢,他永远无法达到他想要的完美文本状态,而只能无限接近。这其实就是写作的"实在界"。史料的不足和思想的不足是无法完全克服的,既然如此,我也只好觍颜将充满遗憾的习作呈现出来。

按照拉康的说法,人们生存于"三界"——想象界、象征界和实在界——之中,想象界指向自我认同,象征界指向社会认同,实在界却指向"无"。实在界是一种根本性的匮乏,人们只能无限接近它,但却无法最终抵达。之所以如此,乃是因为"实在界"是一种对主体而言不在场的东西,一种事后回溯的效果,可它却又是一切的原因(见吴琼所著《雅克·拉康:阅读你的症状(下)》,中国人民大学出版社2011年版,第452页)。

埋首故纸堆已历十年,我深知出版史研究甚至整个历史研究就是一"实在界"。何也? 其一,现时无所存,一切去匆匆,民国出版业已成过去,成为"无"和"不在场之物",研究者只能在当下的时空通过档案、影像、历史遗迹等介质回望民国出版业;其二,从当下回溯到民国出版业,再顺流而下,即可抵达当下,那么民国出版业又是当代出版业之"前因"。"不在场"和"无"的民国出版业需要多重证据来证明其存在,但是,研究者在考察民国出版业的过程中,史料的不足(作为最重要"史料"的民国出版人不可能"重生"于当下)和思想相异(我们不可能具备民国出版人的心态结构)是根本性的匮乏。要之,纵然是手段高明的出版史研究者,也只能无限接近民国出版业,而无法最终抵达。

如此,似乎就有历史虚无主义之嫌。其实不然,历史现场确实无法完全复原、无法抵达,这是宇宙时空的"无限"在人类历史中的投射;但历史研究的目的并不在于探究这种无限感或"虚无感",而是在历史与当下之间进行双向理解。出版史研究就是在当下与出版时空长河的特定码头之间来回摆渡,探索当下与特定历史时空之间的因果机制,无限接近出版史研究的"实在界"。

那么,民国出版史研究的逻辑就应该是"逆推顺述"的往复。逆推:以当代出版企业制度(国有制、三审三校制、出版与发行分离等)为起点,回溯到历史节点——20世纪50年代初,就是在当时逐步确立了现在的出版企业制度;再回溯到上一个历史节点——民国时期,当时的出版企业制度的特点是私有制占主导,编、印、发集于一体,作者型编辑制度。顺述:以民国时期的出版企业制度为起点,分析其为何会形成上述制度,其制度结构、制度绩效和制度变迁若何;顺述到下一个历史节点——20世纪50年代初,当时为何对出版业进行社会主义改造,又有哪些民国时期的出版企业制度被保留下来;再顺推到当代,当代出版企业制度与20世纪50年代和民国时期的出版企业制度相比,是否存在"路径依赖"现象?为何存在?

2022年,中华书局迎来110周年局庆。谨以此小书,为中华书局庆生,也顺道庆祝自己研究中华书局史满十年。在研究中华书局史的过程中,我有幸结识了中华书局的王贵彬先生、张兄玉亮和胡女史雪儿,三位助我良多，使我与当代的中华书局结下了缘分。正是有了诸位同道师友的扶持，我才更坚信"吾道不孤"。

行文至此，我还要特别感谢为本书的完善付出了宝贵精力的外审专家。任何表述都预想了听众。表述的开始，是对他人表述的应答；表述的结束，是对他人应答的期望。在撰写本书的过程中，我预想的读者主要是出版史研究领域的专家学者、研究生，此外还有对出版史感兴趣的学术圈外的同好。我期待得到读者的应答。很荣幸，本书的责编胡女史雪儿和张兄玉亮均为出版史研究同好，他们提出了诸多宝贵意见；而且，他们还将书稿送请外审专家审读，外审专家反馈的意见让我既感动又惭愧。感动之处在于，外审专家为书稿精准把脉，对书稿的"症状"描述得极为确切，果然是同道中人；惭愧之处则在于，外审专家提出了许多宝贵建议，于本书的完善极有益处，然而由于时间原因，笔者难以全部遵照修改。在此特向外审专家及读者诸君做如下说明。

外审专家提出："若能继续丰富史料，补充非典型制度的论述，并且与同时期其他主要书局有所对比，呈现出中华书局的独特之处，将会是中华书局史研究的有数之作。"外审专家的此段评语可谓一语中的，本书最大的问题便在于特殊性的缺失。笔者对此一问题思索良久，发现民国时期中华书局企业制度的特殊性主要有如下几点：（1）产权制度方面，中华书局的大股东群体中，"灵学派"、辛亥革命同仁及外围人士占有重要席位，如董事俞复、陆费逵、戴克敦等人既为"灵学派"成员，又在不同程度上参与或赞助过辛亥革命；（2）组织制度方面，总经理陆费逵既是法理型权威，也是魅力型权威；（3）管理制度方面，较之于商务印书馆，中华书局更注重人和，情感色彩更浓。

　　以上是笔者基于相关史料及历史感所做的大胆假设，假设需要小心验证。下一阶段，笔者将借助档案资料、文集及相关论著等文献，"重返"民国时期中华书局乃至整个出版业的制度现场，"重建"中华书局企业制度的特殊面貌。相关成果将会以论文的形式发表出来，届时还请专家及读者诸君继续批评指正。

2022.3.30

写于武昌·珞珈山